S

ysis

et de

Résultats, idées, problèmes

Sigmund Freud

Abrégé de psychanalyse

suivi de

Some Elementary Lessons in Psycho-Analysis

et de

Résultats, idées, problèmes

Traduit de l'allemand par
Janine Altounian, Pierre Cotet
Françoise Kahn, Jean Laplanche
et François Robert

Préface de
François Robert

QUADRIGE / PUF

NOTE DE L'ÉDITEUR

L'édition des *Œuvres complètes* de Freud est publiée en langue française avec l'autorisation de S. Fischer Verlag GmbH, Frankfurt am Main, et de la Sigmund Freud Copyright, Colchester, accordée aux éditeurs français Gallimard, Payot, Presses Universitaires de France.

Une partie du matériel critique est empruntée à la *Standard Edition of the Complete Psychological Works of Sigmund Freud*, London, The Hogarth Press and the Institute of Psycho-Analysis, édition établie par James Strachey, Alix Strachey, Alan Tyson et Angela Richards.

La présente traduction reproduit à l'identique celle qui figure dans le tome XX des *Œuvres complètes de Freud / Psychanalyse (OCF.P)*. Elle tient compte de la révision effectuée par l'équipe éditoriale (J. Altounian, A. Bourguignon, P. Cotet, J. Laplanche, F. Robert). La cohérence entre les deux éditions (*OCF.P* et *Quadrige*) est assurée par A. Rauzy.

En marge figure la pagination originale des Gesammelte Werke.
Les conventions relatives à la présentation de ces textes de S. Freud et les principales abréviations sont présentées en fin de volume.

Direction de la publication	André Bourguignon Pierre Cotet
Direction scientifique	Jean Laplanche
Terminologie : Responsable	Jean Laplanche
Co-responsable	François Robert
Harmonisation	Janine Altounian
Notices, notes et variantes	Alain Rauzy
Glossaire et index	François Robert

ISBN 978-2-13-059005-7
ISSN 0291-0489

Dépôt légal — 1re édition « Quadrige » : 2012, janvier

6, avenue Reille, 75014 Paris

Préface

*L'œuvre serait-elle fixée en un corps de doctrine ? C'est ce que suggère la première phrase, assez dissuasive, de la Préface de l'*Abrégé de psychanalyse *: « Ce petit écrit entend rassembler, pour ainsi dire de manière dogmatique, les thèses de la psychanalyse sous la forme la plus ramassée et dans la version la plus définitive. » De fait, l'*Abrégé *est un texte mal aimé, peu commenté dans la littérature psychanalytique, comme si Freud ne faisait là que répéter ce qu'il avait développé précédemment, en le simplifiant parfois. Mais non, la pensée de Freud, dans cette œuvre de la fin, n'est pas encore arrêtée ; derrière le bel ordonnancement de la synthèse se poursuit une autre réflexion, plus indécise, plus contradictoire.*

Le style tout à la fois condensé et précipité des trois premiers chapitres, il est vrai, semble donner raison à la Préface. Freud y récapitule, en quelques pages, non pas l'ensemble de son parcours, mais celui qui a suivi le tournant de 1920, avec l'introduction du second dualisme pulsionnel (Éros et pulsion de mort) et de la seconde topique (ça, moi et surmoi). Pour comprendre l'enchaînement de ces trois courts chapitres, il faut se reporter au début du chapitre 4, où Freud synthétise ainsi sa récapitulation : « Nous avons décrit la structure de l'appareil psychique [chap. 1] , les énergies ou forces qui sont actives en lui [chap. 2], et nous avons vu, sur un exemple éminent [« le développement de la fonction sexuelle » du chap. 3], comment ces énergies, principalement la libido, s'organisent en une fonction physiologique au service de la conservation de l'espèce » (p. 23).

Ouvrons une parenthèse. La fin de cette dernière phrase montre un véritable renversement, du prégénital au génital, dans la conception de la sexualité. Déjà, l'intitulé du chapitre 3 (« Le développement de la fonction sexuelle ») est révélateur du point de vue génétique et téléologique adopté là par Freud. Certes, Freud ne manque pas de rappeler, au début de ce chapitre, que le sexuel (infantile), en psychanalyse, ne se réduit pas au génital (adulte) ; pourtant, en parlant non plus de « sexualité » ou de « vie sexuelle », mais de « fonction sexuelle », et en assignant au développement normal de cette fonction une fin naturelle, « physiologique », « au service de la conservation de l'espèce », c'est bien la génitalité adulte, ou plus exactement la reproduction sexuée, qui est mise en avant. De la sexualité infantile perverse polymorphe révélée dans les Trois essais *de 1905, il ne reste presque rien dans ce chapitre 3, où la vie sexuelle se réduit à la succession des phases orale, anale, phallique et génitale, et à cette particularité biologique propre à l'espèce humaine qu'est l'instauration en-deux-temps de la sexualité. Il faut attendre le chapitre 7 pour retrouver une sexualité infantile non endogène*[1]*, mais apportée de l'extérieur, où l'excitation sexuelle de l'enfant est suscitée par les soins maternels (p. 59) ou provoquée par cette autre forme de séduction qu'est «l'abus sexuel commis par des adultes» (p. 57)*[2].

Au début du chapitre 4, donc, l'édifice tient solidement sur ses bases: l'appareil psychique, les pulsions, et «principalement la libido». Freud pourra ensuite, dans un style beaucoup plus délié, camper les différentes scènes – le rêve, la situation analytique, la névrose – où s'affrontent les deux principaux protagonistes (le moi et le ça). Et pourtant, tout est à reprendre et à déconstruire, car quelque chose s'est joué dès le premier chapitre, lorsque Freud, présentant le ça («la plus ancienne des provinces ou instances psychiques»), lui donne pour contenu «les pulsions issues de l'organisation corporelle». Si Freud peut ainsi loger les pulsions dans le ça, c'est que celui-ci est «ouvert sur le somatique» – du moins depuis les Nouvelles leçons d'introduction à la psychanalyse *(1932). Le «ça psychique» introduit dans* Le moi et le ça *(1923) était enfermé dans l'appareil; le ça figurant dans le second schéma de la topique, en 1932, est «en soi» pulsionnel. «Nous nous représentons qu'il est ouvert à son extrémité sur le somatique, accueillant là en soi les besoins pulsionnels (*Triebbedürfnisse*) qui trouvent en lui leur expression psychique, mais nous ne pouvons pas dire dans quel substrat.»*[3] *Le ça est donc devenu le lieu des pulsions corporelles ou, dans la formulation du chapitre 7, le lieu des «pulsions organiques»: «Dans ce ça sont à l'œuvre les pulsions organiques, elles-mêmes composées, dans des proportions variables, de mixtions (*Mischungen*) de deux forces originaires (*Urkräfte*) (Éros et destruction)...» (p. 71).*

*Mais la proposition inaugurale de l'*Abrégé *dit davantage. Elle affirme un ça tout à la fois pulsionnel, biologique et inné. Freud écrit: «[Le ça] a pour*

1. Endogène, ou, pour reprendre un mot de Freud qui ne va cesser de revenir dans l'*Abrégé*, «apportée avec soi à la naissance» (*bei Geburt mitgebracht*). Déjà, dans les *Trois essais sur la théorie sexuelle* de 1905, Freud écrivait: «Il semble certain que le nouveau-né apporte avec soi (*mitbringt*) des germes de motions sexuelles...» (*GW*, V, p. 77; *OCF.P*, VI, p. 111). Cf. Jean Laplanche, «Les *Trois essais* et la théorie de la séduction», in *Sexual*, Paris, PUF, «Quadrige», 2007, p. 246.

2. Un point, lui, ne souffre aucune modification, celui de la sexualité féminine infantile comprise comme masculine (non vaginale). La note 2 de la page 19, ainsi que la remarque du 12. VII dans *Résultats, idées, problèmes* réaffirment le primat phallique (l'envie de pénis et son substitut, le clitoris) dans la sexualité féminine. Sur cette théorie «phallocentrée» et la «masculinité originaire» de la petite fille, cf. les analyses de Jacques André dans *Aux origines féminines de la sexualité*, Paris, PUF, 1995.

3. XXXIe Leçon, *GW*, XV, p. 80; *OCF.P*, XIX, p. 156-157.

*contenu tout ce qui est hérité (*ererbt*), apporté à la naissance (*bei Geburt mitgebracht*), constitutionnellement fixé (*konstitutionnell festgelegt*), donc avant tout les pulsions issues de l'organisation corporelle, qui trouvent là une première expression psychique dont les formes nous sont inconnues.» Le déséquilibre de la proposition – surchargée au début, mêlant l'hérité, l'inné et le constitutionnel; vague à la fin, répétant les termes utilisés en 1932 – traduit aussi le nouveau déséquilibre dans la pensée de Freud. L'accent est mis de plus en plus sur l'innéité, et l'ancienne métapsychologie de 1915 est délaissée.*

*La pulsion qui jadis avait sa «représentance (*Repräsentanz*) psychique» trouve désormais une simple «expression psychique». La langue de Freud se fait moins abstraite, plus imprécise aussi. La motion pulsionnelle, ou revendication pulsionnelle, est assimilée à un simple «besoin» – «besoin pulsionnel», «besoin de la vie» (p. 70) – ou à une «exigence corporelle». «[Les pulsions] représentent (*repräsentieren*) les exigences corporelles posées à la vie d'âme» (p. 13). Voilà tout ce qu'il reste de la* Métapsychologie *de 1915, un verbe, et une phrase qui est l'écho affaibli de la définition donnée dans «Pulsions et destins des pulsions»*[1]. *Autre métapsychologie perdue, celle de* L'interprétation du rêve. *Dans le chapitre 5 de l'*Abrégé *sur le rêve, Freud assimile la motion pulsionnelle et le souhait inconscient: «Une motion pulsionnelle d'ordinaire réprimée (un souhait inconscient) a trouvé pendant le sommeil la force de se faire valoir dans le moi» (p. 32); l'accomplissement de souhait (*Wunscherfüllung*) dans le rêve équivaut alors à «la satisfaction (*Befriedigung*) d'une pulsion» (p. 36). Encore faut-il, pour apercevoir le glissement opéré par Freud, ne pas confondre les deux plans du souhait et de la pulsion, de l'accomplissement et de la satisfaction.*

L'inné et l'hérité. Les choses étaient dites plus directement dans L'homme Moïse et la religion monothéiste*: «C'est dans le ça que vont à l'attaque nos pulsions originelles» (*unsere ursprünglichen Triebe*).»*[2] *«Pulsions originelles», Freud entendant sans doute, par là, non pas les pulsions originaires (*Urtriebe*) en tant que telles, Éros et pulsion de mort, mais les pulsions présentes à l'origine (*ursprünglich*), à la naissance – en un mot: innées. Freud le dira de façon encore plus explicite au début du chapitre 2: «La puissance du ça exprime*

1. «… la pulsion nous apparaît comme un concept-frontière entre animique et somatique, comme représentant (*Repräsentant*) psychique des stimuli issus de l'intérieur du corps et parvenant à l'âme, comme une mesure de l'exigence de travail qui est imposée à l'animique par suite de sa corrélation avec le corporel» (*GW*, X, p. 214; *OCF.P*, XIII[2], p. 169).

2. *GW*, XVI, p. 203; *OCF.P*, XX, p. 175. La section intitulée «Difficultés», d'où est extraite cette citation, clôture la «Première partie» du troisième essai; ces quelques pages métapsychologiques, un peu perdues au milieu de *L'homme Moïse*, constituent sans doute le véritable testament théorique de Freud. Le chapitre 4 de l'*Abrégé* poursuit l'interrogation commencée là.

*le véritable dessein vital chez l'être individuel. Ce dessein consiste à satisfaire (*befriedigen*) ses besoins innés (*seine mitgebrachten Bedürfnisse*).»*

Il conviendrait de distinguer, dans cette nébuleuse de l'«inné» et de l'«hérité», deux ensembles, le constitutionnel ou le biologique, et l'héréditaire proprement dit ou le phylogénétique (l'héritage archaïque). Dans «L'analyse finie et l'analyse infinie», rédigé l'année précédente, Freud avait souligné l'importance du facteur constitutionnel, mettant en avant la «force pulsionnelle constitutionnelle», ou «congénitale». Les besoins innés du ça sont à ranger de ce côté-là. L'héréditaire, lui, fait davantage référence chez Freud aux traces mnésiques héritées, à ce qu'il nomme dans le Moïse *les «contenus innés» (*bei der Geburt mitgebrachte Inhalte *– littéralement: contenus apportés avec soi à la naissance). Si les «influences phylogénétiques» (p. 75) sont évoquées plusieurs fois dans l'*Abrégé, *elles ne constituent pas la ligne de pensée dominante du texte. Une forme plus large de l'hérité («Ce que tu as hérité de tes pères, acquiers-le afin de le posséder») se dessine à la fin de l'*Abrégé, *conjoignant le passé organique (le ça) et le passé culturel (le surmoi).*

*L'*Abrégé *peut être lu, à partir du chapitre 4, comme une tentative pour réaffirmer un autre ça, plus proche de l'inconscient de la première topique, un ça qui n'est pas une simple force pulsionnelle ou, comme le dit Freud dans les* Nouvelles leçons, *un «chaudron plein d'excitations en ébullition». «Pendant le traitement», écrit Freud dans «L'analyse finie et l'analyse infinie», «notre effort thérapeutique oscille constamment, comme un pendule, d'un petit morceau d'analyse du ça à un petit morceau d'analyse du moi»*[1]*. L'analyse du ça ne peut être que l'analyse de son contenu psychique. Un ça «psychique», au sens d'un ça ayant un contenu psychique, pourrait n'être (ne devrait être, en toute rigueur) qu'une tautologie, si Freud n'avait lui-même tiré le ça du côté de l'organique. Chose remarquable, le paragraphe où Freud ramène le ça aux pulsions organiques, où il affirme le plus abruptement un ça pulsionnel, est aussi celui où il énonce le plus clairement – dans ce texte du moins – en quoi consiste cet autre ça psychique inconscient: un ça fait d'éléments psychiques et caractérisé par le processus primaire: «Les processus qui sont possibles dans le ça au niveau des éléments psychiques supposés et entre ces éléments (processus primaire) se différencient largement de ceux qui nous sont connus dans notre vie intellectuelle et notre vie de sentiment par la perception consciente…» (p. 72).*

Quels sont ces éléments psychiques qui constituent le contenu du ça: restes mnésiques, souvenirs, représentations? Freud ne le dit pas ici. Malgré tout, sur

1. *GW*, XVI, p. 84; *OCF.P*, XX, p. 40.

*ce matériel inconscient provenant du ça, l'*Abrégé *livre d'autres indications discrètes, repérables si l'on s'attache aux mots de Freud. Dans le rêve, dit-il, un matériel inconscient opère une avancée (*Vordringen*) (p. 27), pénètre dans le moi (*ins Ich eindringt*) (p. 33) ; plus généralement, le moi cherche à se protéger «contre l'intrusion (*Eindringen*) d'éléments non souhaités» (p. 47), «l'intrusion (*Eindringen*) d'éléments inconscients» (p. 48). Avancée, intrusion, pénétration, les mots traduits laissent échapper ce que dit l'allemand – ou, plus exactement, ce que dit Freud en allemand avec le radical* dringen *: que le contenu inconscient possède sa propre poussée (*Drang*), et que cette poussée ou pression dont le moi se défend par le refoulement (*Verdrängung*) produit cette «instante pression» (*Bedrängnis*) à laquelle il est soumis.*

Ce caractère insistant (ici encore, l'allemand dit Eindringlichkeit*) et intrusif de l'inconscient, Freud lui donne un autre nom : la «pulsion vers le haut»*[1] *: «L'inconscient a par nature une "pulsion vers le haut" (*Auftrieb*), il ne demande rien tant que pénétrer (*vordringen*), au-delà des frontières qui lui sont fixées, dans le moi et jusqu'à la conscience» (p. 48). Certes, il n'est pas indifférent que soit repris là un mot usuel de la langue allemande (*Auftrieb *dit le mouvement ascensionnel), mais où continue d'être entendu le* Trieb *dans son acception freudienne. En réalité, ce qui pourrait n'être qu'un jeu sur les mots (ou que l'autre nom donné au retour du refoulé) se révèle être une solution métapsychologique inédite qui renverse la problématique pulsionnelle initiale : le contenu inconscient n'est plus l'expression d'une pulsion («force pulsionnelle»), il est lui-même pulsion, exerçant de lui-même, depuis l'intérieur de l'appareil psychique, sa poussée – sa «force de pulsion», comme le disait Freud dans* L'interprétation du rêve.

Sous l'intitulé «Qualités psychiques» (conscient, préconscient, inconscient), il s'agit d'abord pour Freud, dans ce chapitre 4, de fusionner les deux topiques (ça et inconscient, ça et refoulé, moi et préconscient-conscient). Mais, surtout, Freud, en décrivant une nouvelle fois, après les développements de L'homme Moïse *(III, I, E, «Difficultés»), la genèse de l'appareil psychique, c'est-à-dire le développement du moi et la formation du ça refoulé, entend marquer «une différenciation significative dans le ça» (p. 29), entre un ça originel et un ça refoulé. Les dernières pages du chapitre représentent l'ultime réflexion métapsychologique de Freud.*

Celle-ci débute par ce qui ressemble à une réminiscence. Par deux fois, dans le chapitre 4, et quelques mois plus tard dans Some Elementary Lessons, *Freud fait référence à Lipps, ce même Lipps qu'il avait déjà évoqué à la fin de*

1. La notion, apparue dans «Constructions dans l'analyse» (*GW*, XVI, p. 53 ; *OCF.P*, XX, p. 70), est davantage développée dans *L'homme Moïse* (III , I, E, «Difficultés», *GW*, XVI, p. 201-202 ; *OCF.P*, XX, p. 174-175).

L'interprétation du rêve. *La référence n'est évidemment pas fortuite. Freud (se) rappelle ainsi ce qui a constitué un moment crucial de sa pensée. Dans ce passage capital de* L'interprétation du rêve[1], *Freud postule d'abord, à la suite de Lipps, un inconscient que l'on peut qualifier de «primaire», un inconscient préexistant au conscient: «L'inconscient est le cercle le plus grand qui inclut celui, plus petit, du conscient; tout ce qui est conscient a un stade préliminaire inconscient, alors que l'inconscient peut s'arrêter à ce stade et néanmoins prétendre à la pleine valeur d'une opération psychique.» Dans un second temps – celui-là lui appartient en propre –, Freud fait du psychique un réel à part entière. «L'inconscient est le psychique proprement réel, aussi inconnu de nous dans sa nature interne que le réel du monde extérieur et qui nous est livré par les données de la conscience tout aussi incomplètement que l'est le monde extérieur par les indications de nos organes sensoriels.»*

*La première proposition va perdurer jusqu'à la fin de l'œuvre. C'est cet inconscient primaire que l'on retrouve dans ce que Freud nomme ici le «ça originel». La seconde proposition, elle non plus, ne sera pas oubliée. C'est elle que l'on entend encore dans le passage de l'*Abrégé *sur le réel (psychique) «inconnaissable» (p. 70).*

*«Inconnaissable» pourrait être le dernier mot de Freud, et en un sens ce sont bel et bien les tout derniers mots de Freud qui se retrouvent là. «Mystique, l'autoperception du royaume extérieur au moi, le ça» (p. 96). Le Freud «kantien», assimilant le réel psychique inconnaissable à la chose en soi, n'est pas si éloigné de Wittgenstein, lorsqu'il semble réserver à l'indicible de l'expérience mystique la perception de ce réel psychique. Mais Freud reste résolument classique et homme des Lumières. La sentence de Goethe qui conclut l'*Abrégé *(«Ce que tu as hérité de tes pères, acquiers-le afin de le posséder») renvoie, bien sûr, à la propre sentence de Freud: Là où (du) ça était, (du) moi doit advenir (*Wo Es war, soll Ich werden*).*

*Ce travail de réappropriation (la traduction du matériel inconscient), auquel Freud n'a jamais renoncé, donne lieu à plusieurs formulations dans l'*Abrégé. *Freud dit, du rapport entre l'analyste et le patient: «Notre savoir doit compenser son non-savoir, il doit restituer à son moi la domination sur des circonscriptions perdues de la vie d'âme» (p. 42). Or c'est ce que le moi lui-même aura déjà fait dans son développement en «[soumettant] à son influence des circonscriptions toujours plus grandes et des strates plus profondes du ça» (p. 73).*

1. *GW*, II-III, p. 617; *OCF.P*, IV, p. 668.

Ces formulations éminemment freudiennes trouvent leur version métapsychologique dans le chapitre 4, mais une version à vrai dire balbutiante. Freud dit son ignorance: «Sur l'arrière-plan d'obscurité de cette ignorance, nos rares connaissances se détachent bien faiblement» (p. 29). Cet aveu était déjà celui de «L'analyse finie et l'analyse infinie», quand Freud évoquait la «sorcière métapsychologie» à propos du «domptage» de la pulsion (du ça pulsionnel): «Malheureusement les informations de la sorcière ne sont cette fois encore ni très claires ni très détaillées.»[1] *L'hypothèse dynamique avancée par Freud dans les deux textes est celle d'une «liaison» psychique: un processus de translation (*Überführung*), de transposition (*Umsetzung*) de l'énergie librement mobile en énergie liée. Freud la reformulera au chapitre 7: «La fonction psychologique [du moi] consiste à élever à un niveau dynamique supérieur les cours dans le ça (peut-être à transformer une énergie librement mobile en énergie liée, celle correspondant à l'état préconscient...» (p. 73). Ainsi se ferait le passage de l'état inconscient à l'état préconscient.*

Freud ajoute à cette transposition un second processus, encore plus obscur, qu'il nommait «traduction» dans L'homme Moïse*: «Alors une partie des contenus du ça est accueillie par le moi et élevée à l'état préconscient, une autre partie n'est pas concernée par cette traduction (*Übersetzung*) et demeure dans le ça en tant qu'inconscient proprement dit.»*[2] *Dans l'*Abrégé*, le même processus est ainsi décrit: «... certains contenus du ça sont passés (*gewandelt*) dans l'état préconscient [...]. D'autres sont restés inchangés dans le ça, constituant son noyau difficilement accessible» (p. 29). La partie non traduite, restée inchangée, constitue «l'inconscient proprement dit», l'inconscient (ou le ça) «originel». Originel, c'est-à-dire, là encore, «apporté avec soi à l'origine» ([*das*]* ursprünglich Mitgebrachte*), comme le précise Freud aussitôt après. La réflexion tourne court, elle reconduit à un ça biologique et inné.*

*L'*Abrégé *est un texte inachevé, sa métapsychologie aussi. Au lecteur de la compléter, et peut-être de substituer à ce ça originel un inconscient infantile, composé des premières traces d'impressions dont parlait du reste Freud dans* L'homme Moïse[3]*, un inconscient infantile formant ce «noyau difficilement accessible» du ça.*

François Robert.

1. *GW*, XVI, p. 69; *OCF.P*, XX, p. 26.
2. *GW*, XVI, p. 203; *OCF.P*, XX, p. 176.
3. «Les impressions des traumas précoces dont nous sommes partis ou bien ne sont pas traduites dans le préconscient, ou bien sont bientôt rétrogradées à l'état de ça par le refoulement» (*ibid.*, *GW*, XVI, p. 204; *OCF.P*, XX, p. 177).

Abrégé de psychanalyse

ABRISS DER PSYCHOANALYSE
1938 [1940 *a*]

Première publication

1940 *Int. Z. Psychoanal. Imago*, *25* (1), p. 7-67.

Autres éditions allemandes

1941 *Gesammelte Werke*, t. XVII, p. 65-138, sans la préface.
1975 *Studienausgabe, Ergänzungsband*, p. 411-421, reproduisant uniquement le chapitre 6 : « La technique psychanalytique ».
1987 *Gesammelte Werke, Nachtragsband*, p. 749, reproduisant uniquement la préface.

Traduction française

1949 *Abrégé de psychanalyse*, traduit par A. Berman, Paris, Presses Universitaires de France ; rééd. 1967, 87 p. (édition revue par J. Laplanche).

Lors de la première publication de l'*Abrégé de psychanalyse*, en 1940, une longue note de bas de page était insérée au début du chapitre 4 (cf. *infra*, p. 24). Il s'agissait de deux extraits du texte publié ultérieurement sous le titre « Some Elementary Lessons in Psycho-Analysis » (cf. *infra*, p. 85). Cette note n'a pas été reprise dans l'édition de l'*Abrégé* parue en 1941 (t. XVII des *Gesammelte Werke*).

La courte préface de l'*Abrégé*, qui figurait dans la publication originale, est absente de l'édition des *Gesammelte Werke* de 1941. Elle n'a été reproduite qu'en 1987 dans le *Nachtragsband* des *GW*.

La Ire partie était sans titre. Les éditeurs des *GW* y ont suppléé en reprenant l'intertitre utilisé par Freud dans « Some Elementary Lessons in Psycho-Analysis » : La nature du psychique (cf. *infra*, p. 86).

Le manuscrit fait souvent usage d'un « style télégraphique » ; le chapitre 3 en particulier comporte de nombreuses omissions d'articles définis ou indéfinis et de verbes. Les éditeurs des *Gesammelte Werke* ont pris le parti de combler les lacunes existantes, afin de préserver la continuité du sens.

*

Selon Jones, l'*Abrégé* fut commencé « pendant la période d'attente à Vienne », avant l'exil forcé pour Londres, donc vers avril ou mai 1938. Pourtant la première page du manuscrit porte la date : 22 juillet, postérieure donc à l'arrivée de

Freud à Londres. En septembre, Freud fut amené à interrompre son travail pour des raisons de santé.

Cette présentation d'ensemble de la psychanalyse diffère des précédentes (*De la psychanalyse* et les *Leçons d'introduction*, en particulier) qui s'dressaient à des auditeurs ou des lecteurs éclairés, mais venus d'horizons divers. On n'a pas ici, comme le souligne J. Strachey, un « livre pour débutants », mais plutôt une récapitulation qui est destinée à des étudiants avertis et qui exige une bonne connaissance préalable du sujet.

Freud avait 82 ans quand il rédigea cet exposé d'une précision et d'une concision remarquables. Il est très vraisemblable que, sous la pression des événements (la rupture causée par l'exil), il a voulu condenser dans ces quelques chapitres l'essentiel de ses découvertes. Dans son inachèvement, l'*Abrégé de psychanalyse* constitue son ultime apport, voire son legs théorique.

PRÉFACE

Ce petit écrit entend rassembler, pour ainsi dire de manière dogmatique, les thèses de la psychanalyse sous la forme la plus ramassée et dans la version la plus définitive. Bien entendu, sa visée n'est pas d'exiger la croyance ni de susciter la conviction. 749

Les assertions de la psychanalyse reposent sur un nombre incalculable d'observations et d'expériences, et seul celui qui répète ces observations sur lui-même et sur d'autres est engagé sur la voie menant à un jugement personnel.

PREMIÈRE PARTIE

LA NATURE DU PSYCHIQUE

Chapitre 1

L'APPAREIL PSYCHIQUE

La psychanalyse fait une présupposition fondamentale dont la discus- 67
sion reste réservée à la pensée philosophique et dont la justification se trouve dans les résultats de notre discipline. De ce que nous nommons notre psyché (vie d'âme), deux sortes de choses nous sont connues, premièrement l'organe corporel et la scène de celle-ci, le cerveau (système nerveux), d'autre part nos actes de conscience qui sont donnés sans médiation et qu'aucune sorte de description ne peut nous rendre plus proches. Tout ce qui se trouve entre les deux nous est inconnu, entre ces points situés aux deux extrémités de notre savoir il n'y a pas de relation directe. Si celle-ci existait, elle livrerait tout au plus une localisation précise des processus de conscience et n'apporterait rien pour leur compréhension.

Nos deux hypothèses se rattachent à ces deux extrémités ou points de départ de notre savoir. La première concerne la localisation[a]. Nous supposons que la vie d'âme est la fonction d'un appareil auquel nous attribuons une extension spatiale et une composition faite de plusieurs pièces, que donc nous nous représentons à peu près comme un télescope, un microscope, etc. Le déploiement conséquent d'une représentation de ce genre est une nouveauté scientifique, en dépit de certaines approches qui ont déjà été tentées.

C'est par l'étude du développement individuel de l'être humain que nous sommes arrivés à la connaissance de cet appareil psychique. La plus ancienne de ces provinces ou instances psychiques, nous la nommons le *ça*; il a pour contenu tout ce qui est hérité, apporté à la naissance, constitutionnellement fixé, donc avant tout les pulsions issues 68
de l'organisation corporelle, qui trouvent là une première expression psychique dont les formes nous sont inconnues[1].

1. Cette partie la plus ancienne de l'appareil psychique reste la plus importante durant toute la vie. C'est d'elle aussi qu'est parti le travail de recherche de la psychanalyse.

a. Sur la seconde hypothèse, cf. *infra*, p. 24.

Sous l'influence du monde extérieur réel nous environnant, une partie du ça a connu un développement particulier. À l'origine, c'est en tant que couche corticale pourvue des organes servant à la réception des stimuli et des dispositifs servant au pare-stimuli que s'est constituée une organisation particulière qui, dès lors, assure la médiation entre le ça et le monde extérieur. À cette circonscription de notre vie d'âme nous laissons le nom de *moi*.

Les caractères principaux du moi. Par suite de la relation préformée entre la perception sensorielle et l'action musculaire, le moi dispose des mouvements volontaires. Il a pour tâche l'auto-affirmation, et il l'accomplit en direction de l'extérieur, en apprenant à connaître les stimuli, en emmagasinant (dans la mémoire) les expériences faites à leur sujet, en évitant (par la fuite) les stimuli excessivement forts, en faisant face (par l'adaptation) aux stimuli modérés et, finalement, en apprenant à modifier à son avantage le monde extérieur de façon appropriée (activité) ; en direction de l'intérieur, vis-à-vis du ça, en acquérant la domination sur les revendications pulsionnelles, en décidant si celles-ci doivent être admises à la satisfaction, en différant cette satisfaction jusqu'à des moments et circonstances favorables dans le monde extérieur, ou en réprimant totalement les excitations provenant d'elles. Dans son activité, il est guidé par la prise en considération des tensions de stimulus présentes en lui ou déposées en lui. L'élévation de ces tensions est en général ressentie comme *déplaisir*, leur abaissement comme *plaisir*. Mais ce ne sont vraisemblablement pas les hauteurs absolues de cette tension de stimulus, mais plutôt quelque chose dans le rythme de sa modification qui est ressenti comme plaisir ou déplaisir. Le moi tend vers le plaisir, il veut éviter le déplaisir. À un accroissement de déplaisir attendu, prévu, il est répondu par le signal d'angoisse ; ce qui l'occasionne – menaçant de l'extérieur ou de l'intérieur – s'appelle un *danger*. De temps à autre, le moi dénoue sa liaison avec le monde extérieur et se retire dans l'état de sommeil, dans lequel il modifie considérablement son organisation.
69 On peut conclure de l'état de sommeil que cette organisation consiste en une répartition particulière de l'énergie animique.

Comme précipité de la longue période d'enfance – pendant laquelle l'être humain en devenir vit dans la dépendance de ses parents –, il se constitue dans son moi une instance particulière dans laquelle se prolonge cette influence parentale. Elle a reçu le nom de *surmoi*. Dans la mesure où ce surmoi se sépare du moi ou s'y oppose, c'est une troisième puissance que le moi doit prendre en compte.

Une action du moi est correcte dès lors qu'elle répond en même temps aux exigences du ça, du surmoi et de la réalité, donc qu'elle sait réconcilier leurs différentes revendications. Les détails de la relation entre le moi et le surmoi deviennent intégralement compréhensibles quand on les ramène au rapport de l'enfant avec ses parents. Bien sûr, dans l'influence parentale, ce n'est pas seulement la nature personnelle des parents qui exerce son effet, mais aussi l'influence perpétuée à travers eux des traditions familiale, raciale et populaire, ainsi que les exigences représentées par eux de tel ou tel milieu social. De même, le surmoi accueille ultérieurement, au cours du développement de l'individu, des contributions émanant des successeurs et des personnes substitutives des parents, tels que les éducateurs, les modèles publics, les idéaux vénérés dans la société. On voit que ça et surmoi, en dépit de toutes leurs distinctions fondamentales, manifestent une concordance en ceci qu'ils représentent* les influences du passé, le ça celle du passé hérité, le surmoi essentiellement celle du passé repris des autres, alors que le moi est principalement déterminé par ce qu'il a lui-même vécu, donc par ce qui est accidentel et actuel.

On admettra aussi ce schéma général d'un appareil psychique pour les animaux supérieurs animiquement semblables à l'homme. Il faut supposer un surmoi dans tous ces cas où il y a eu, comme chez l'homme, une période plus ou moins longue de dépendance dans l'enfance. On ne peut éviter de supposer une séparation du moi et du ça.

La psychologie animale ne s'est pas encore attaquée à l'intéressante tâche qui s'offre ici.

Chapitre 2

DOCTRINE DES PULSIONS

La puissance du ça exprime le véritable dessein vital chez l'être 70
individuel. Ce dessein consiste à satisfaire ses besoins innés. Celui de se conserver en vie et de se protéger des dangers par l'angoisse ne peut être attribué au ça. C'est là la tâche du moi, qui doit aussi aller trouver, en prenant en compte le monde extérieur, le mode de satisfaction qui soit le plus favorable et le moins dangereux. Il se peut que le surmoi fasse valoir de nouveaux besoins, mais sa fonction principale reste la restriction des satisfactions.

Les forces que nous supposons derrière les tensions de besoin du ça, nous les appelons *pulsions*. Elles représentent* les exigences corporelles posées à la vie d'âme. Bien qu'elles soient la cause dernière de toute activité, elles sont de nature conservatrice ; de tout état qu'un être a atteint procède une tendance à restaurer cet état, dès qu'il a été abandonné. On peut donc différencier un nombre indéterminé de pulsions, ce qu'on fait d'ailleurs habituellement. Pour nous, ce qui est significatif, c'est de savoir s'il n'est pas possible de ramener cette multitude de pulsions à un petit nombre de pulsions fondamentales. Nous avons appris que les pulsions peuvent modifier leur but (par déplacement), qu'elles peuvent aussi se remplacer les unes les autres, l'énergie d'une pulsion passant à l'autre. Ce dernier processus est encore loin d'être bien compris. Après avoir longtemps hésité et oscillé, nous nous sommes résolus à supposer seulement deux pulsions fondamentales, l'*Éros* et la 71
pulsion de destruction. (L'opposition entre pulsion d'autoconservation et pulsion de conservation de l'espèce, ainsi que l'autre opposition entre amour du moi et amour d'objet, se situent encore à l'intérieur de l'Éros.) Le but de la première est d'instaurer des unités de plus en plus grandes et ainsi de conserver, donc la liaison ; le but de l'autre, au contraire, est de dissoudre des corrélations et ainsi de détruire les choses. Dans le cas de la pulsion de destruction, nous pouvons penser que son but dernier semble être de faire passer le vivant dans l'état inorganique.

C'est pourquoi nous l'appelons aussi *pulsion de mort.* Si nous supposons que le vivant est venu après ce qui est sans vie et qu'il est né de lui, la pulsion de mort se conforme à la formule mentionnée, à savoir qu'une pulsion tend à faire retour à un état antérieur. Pour l'Éros (ou pulsion d'amour), nous ne pouvons appliquer la même formule. Ce serait présupposer que la substance vivante a été un jour une unité, qui a été ensuite morcelée et qui aspire désormais à se réunir de nouveau[1].

Dans les fonctions biologiques, les deux pulsions fondamentales ont une action antagoniste ou se combinent entre elles. L'acte de manger est ainsi une destruction de l'objet ayant pour but final l'incorporation, l'acte sexuel une agression ayant pour visée l'union la plus intime. Cette action conjointe et antagoniste des deux pulsions fondamentales produit toute la bigarrure des phénomènes de vie. Par-delà le domaine du vivant, l'analogie de nos deux pulsions fondamentales conduit au couple d'opposés de l'attraction et de la répulsion, qui domine dans l'inorganique[2].

Des modifications dans la proportion de mixtion des pulsions ont les conséquences les plus tangibles. Une adjonction plus forte d'agression sexuelle transforme l'amoureux en meurtrier lubrique, un fort abaissement du facteur agressif le rend timide ou impuissant.

Il ne saurait être question de restreindre l'une ou l'autre des pulsions fondamentales à l'une des provinces animiques. On doit forcé-
72 ment les rencontrer partout. Nous nous représentons un état initial de la manière suivante : toute l'énergie disponible de l'Éros, que nous appellerons désormais *libido*, est présente dans le moi-ça encore indifférencié et sert à neutraliser les penchants à la destruction simultanément présents. (Pour désigner la pulsion de destruction, il nous manque un terme analogue à celui de « libido ».) Plus tard, il nous devient relativement facile de suivre les destins de la libido, dans le cas de la pulsion de destruction cela est plus difficile.

Aussi longtemps que cette pulsion agit à l'intérieur en tant que pulsion de mort, elle demeure muette, elle ne se montre à nous que

1. Les poètes ont eu des fantaisies similaires ; rien de correspondant ne nous est connu par l'histoire de la substance vivante. [Cf. *Au-delà du principe de plaisir*, *OCF.P*, XV, p. 331-333.]

2. La présentation de ces forces fondamentales ou pulsions, contre laquelle tant d'analystes s'insurgent encore, était déjà familière au philosophe *Empédocle d'Akragas*. [Cf. « L'analyse finie et l'analyse infinie », *OCF.P*, XX, p. 47.]

lorsqu'elle est tournée vers l'extérieur en tant que pulsion de destruction. Que cela se passe ainsi, cela semble être une nécessité pour la conservation de l'individu. Le système musculaire est au service de cette dérivation. Avec l'instauration du surmoi, des montants considérables de la pulsion d'agression sont fixés à l'intérieur du moi et y agissent sur un mode autodestructeur. C'est l'un des dangers pour l'hygiène que court l'être humain sur la voie le menant au développement de la culture. Retenir l'agression est généralement malsain et a un effet pathogène[a] (vexation[b]). Une personne en proie à un accès de rage démontre souvent le passage de l'agression empêchée à l'autodestruction par le retournement de l'agression sur la personne propre : lorsqu'elle s'arrache les cheveux, se martèle le visage avec les poings, là où elle aurait manifestement préféré réserver ce traitement à un autre. Une partie de l'autodestruction demeure à l'intérieur en toutes circonstances, jusqu'à ce qu'elle réussisse enfin à tuer l'individu, peut-être seulement lorsque sa libido se trouve épuisée ou désavantageusement fixée. On peut donc présumer en général que l'individu meurt de ses conflits internes ; l'espèce, au contraire, de son combat infructueux contre le monde extérieur, lorsque celui-ci s'est modifié de telle manière que les adaptations acquises par l'espèce ne suffisent pas.

Il est difficile de dire quelque chose sur le comportement de la libido dans le ça et dans le surmoi. Tout ce que nous en savons se rapporte au moi dans lequel au départ tout le montant disponible de libido est emmagasiné. Nous nommons cet état le *narcissisme* primaire absolu. Il persiste jusqu'au moment où le moi commence à investir de libido les représentations d'objets, à transposer la libido narcissique en 73
libido d'objet. Durant toute la vie, le moi reste le grand réservoir[c] à partir duquel sont émis les investissements libidinaux sur les objets et dans lequel ils sont de nouveau rentrés, comme le fait un corps protoplasmique avec ses pseudopodes. C'est seulement dans le plein état amou-

a. *krankmachend* : rendant malade.

b. *Kränkung.* Freud, en 1893, invoquant l'usage de la langue, rapproche la « vexation » de la souffrance : « Une offense qui a fait l'objet d'une rétorsion, même si ce n'est que par des mots, est remémorée autrement qu'une offense dont il a fallu s'accommoder, et d'une manière caractéristique l'usage de la langue qualifie d'ailleurs justement de « vexation » cette souffrance endurée en silence. » (« Du mécanisme psychique de phénomènes hystériques », *GW*, *NB*, 193 ; *OCF.P*, II, p. 345.)

c. Cf. « "Psychanalyse" et "Théorie de la libido" », *OCF.P*, XVI, p. 198 et 206.

reux que le montant principal de la libido est transféré sur l'objet, celui-ci se mettant, d'une certaine manière, à la place du moi. Une caractéristique importante dans la vie est la *mobilité* de la libido, la facilité avec laquelle elle passe d'un objet à d'autres objets. À l'opposé de cela, il y a la *fixation* de la libido à des objets déterminés, qui persiste souvent toute la vie durant.

Il est indéniable que la libido a des sources somatiques, qu'elle afflue de divers organes et lieux du corps en direction du moi. On voit cela le plus clairement sur cette partie de la libido qui est qualifiée, d'après son but pulsionnel, d'excitation sexuelle. Les lieux du corps les plus éminents dont cette libido provient, on les distingue en leur donnant le nom de *zones érogènes*, mais à proprement parler c'est tout le corps qui est une telle zone érogène. Le meilleur de ce que nous savons[a] sur l'Éros, donc sur son exposant, la libido, a été acquis par l'étude de la fonction sexuelle qui, d'après la conception ayant communément cours, même si cela n'est pas dans notre théorie, coïncide en effet avec l'Éros. Nous avons pu nous faire une image de la manière dont la tendance sexuelle qui est destinée à influencer de façon décisive notre vie se développe progressivement à partir des contributions successives des nombreuses pulsions partielles qui représentent des zones érogènes déterminées.

a. Allusion au *Faust I*, de Goethe, v. 1840-1841 : « Le meilleur de ce que tu peux savoir, / Tu ne saurais pourtant le dire aux gamins. » Citation familière à Freud, par laquelle il termine son « Allocution à Francfort dans la maison de Goethe » (*OCF.P*, XVIII, p. 355).

Chapitre 3

LE DÉVELOPPEMENT DE LA FONCTION SEXUELLE [a]

D'après la conception qui a communément cours, la vie sexuelle de l'être humain est pour l'essentiel constituée de la tendance à mettre ses propres organes génitaux en contact avec ceux d'une personne de l'autre sexe. Couvrir de baisers, regarder et attoucher ce corps étranger apparaissent alors comme des manifestations annexes et des actions liminaires. Cette tendance est censée survenir à la puberté, donc à l'âge de la maturité sexuée, et servir à la reproduction. Certains faits, il est vrai, qui n'entrent pas dans le cadre étroit de cette conception étaient connus depuis toujours. 1) Curieusement, il existe des personnes pour lesquelles seuls des individus du même sexe et leurs organes génitaux possèdent un attrait. 2) Non moins curieusement, il existe des personnes dont les désirs se comportent tout à fait comme des désirs sexuels, mais qui font alors totalement abstraction des parties sexuées ou de leur utilisation normale ; on appelle de tels individus des pervers. 3) Et il est frappant, pour finir, que bien des enfants, considérés pour cela comme dégénérés, montrent très précocement de l'intérêt pour leurs organes génitaux et les signes d'excitation de ceux-ci. 74

On conçoit que la psychanalyse ait provoqué scandale et contradiction lorsque, se rattachant en partie à ces trois faits sous-estimés, elle vint contredire toutes les vues populaires sur la sexualité. Ses résultats principaux sont les suivants :

a) La vie sexuelle ne commence pas seulement avec la puberté, mais se met en place aussitôt après la naissance, avec des manifestations nettes. 75

b) Il est nécessaire d'établir une différence tranchée entre les notions de sexuel et de génital. La première est la notion la plus étendue et

a. Version retravaillée par les éditeurs des *GW* dans un souci de clarification. Cf. *supra*, p. 2.

englobe de nombreuses activités qui n'ont rien à voir avec les organes génitaux.

c) La vie sexuelle englobe la fonction consistant à obtenir un gain de plaisir à partir de zones corporelles, qui est mise après coup au service de la reproduction. Les deux fonctions ne se recouvrent pas entièrement.

L'intérêt principal se porte naturellement sur la première affirmation, la plus inattendue de toutes. Il est apparu qu'il existe dans le premier âge d'enfant des indices d'une activité corporelle auxquels seul un vieux préjugé pouvait refuser le nom de sexuel et qui sont liés à des phénomènes psychiques que nous trouverons plus tard dans la vie amoureuse adulte, comme par exemple la fixation à des objets déterminés, la jalousie, etc. Mais il appert en outre que ces phénomènes qui émergent dans la prime enfance appartiennent à un développement conforme à une loi, connaissent un accroissement régulier, atteignent aux environs de la cinquième année un point culminant, qui est alors suivi d'une pause. Au cours de celle-ci, le progrès marque un temps d'arrêt, beaucoup de choses sont désapprises et sont rétrogradées. Une fois écoulée cette période dite de latence, la vie sexuelle se poursuit avec la puberté ; elle refleurit, pourrions-nous dire. Nous rencontrons ici le fait d'une *instauration en-deux-temps* de la vie sexuelle, qui n'est connue que chez l'être humain et qui est manifestement très importante pour le devenir-être humain[1]. Il n'est pas indifférent que les événements de cette période précoce de la sexualité soient victimes de l'*amnésie infantile*, à l'exception de quelques restes. Nos vues sur l'étiologie des névroses et notre technique de la thérapie analytique se rattachent à ces concep-
76 tions. L'étude attentive des processus de développement au cours de cette période précoce a également fourni des preuves appuyant d'autres affirmations.

Le premier organe qui entre en scène comme zone érogène et pose une revendication libidinale à l'âme est, dès la naissance, la bouche.

1. Cf. la supposition selon laquelle l'être humain descend d'un mammifère ayant atteint sa maturité sexuée à 5 ans. On ne sait quelle grande influence extérieure exercée sur l'espèce a ensuite perturbé le développement linéaire de la sexualité. À cela pourraient se rattacher d'autres mutations de la vie sexuelle chez l'être humain, comparé à l'animal, par exemple la suppression de la périodicité de la libido et l'exploitation du rôle de la menstruation dans la relation entre les sexes.

Toute l'activité psychique est d'abord agencée pour procurer la satisfaction au besoin de cette zone. Celle-ci sert naturellement, en premier lieu, à l'autoconservation au moyen de la nutrition, mais on ne doit pas confondre physiologie et psychologie. Très tôt se manifeste dans le suçotement obstinément maintenu de l'enfant un besoin de satisfaction qui – bien que procédant de l'ingestion de nourriture et ayant été incité par elle – tend, indépendamment de la nutrition, au gain de plaisir, besoin qui peut et doit pour cette raison être nommé *sexuel.*

Dès cette phase orale surviennent de manière isolée des impulsions sadiques, avec l'apparition des dents. Elles le font de manière beaucoup plus étendue dans la deuxième phase, que nous appelons sadique-anale, parce qu'ici la satisfaction est recherchée dans l'agression et la fonction d'excrétion. Nous fondons notre droit d'intégrer dans la libido les tendances agressives sur la conception selon laquelle le sadisme est une mixtion pulsionnelle de tendances purement libidinales et de tendances purement destructives, une mixtion qui dès lors ne cessera pas[1].

La troisième est ce qu'on appelle la phase phallique qui, comme une sorte de précurseur, est déjà tout à fait similaire à la configuration définitive de la vie sexuelle. Il est remarquable que ce ne soient pas les organes génitaux des deux sexes qui jouent ici un rôle, mais seulement l'organe masculin (phallus). L'organe génital féminin demeure longtemps inconnu ; l'enfant, dans sa tentative pour comprendre les processus sexuels, fait allégeance à la vénérable théorie cloacale qui génétiquement a son bien-fondé[2].

C'est avec – et dans – la phase phallique que la sexualité de la prime 77
enfance atteint son point culminant et se rapproche de son déclin. Le garçon et la fille ont maintenant des destins séparés. Tous deux ont commencé à mettre leur activité intellectuelle au service de la recherche sexuelle, tous deux partant de la présupposition de la présence universelle du pénis. Mais maintenant les voies des deux sexes se séparent. Le

1. La question se pose de savoir si la satisfaction de motions pulsionnelles purement destructives peut être ressentie comme plaisir, s'il existe une pure destruction sans adjonction libidinale. La satisfaction de la pulsion de mort demeurée dans le moi semble ne pas produire de sensations de plaisir, bien que le masochisme constitue une mixtion tout à fait analogue au sadisme.

2. Des excitations vaginales précoces ont été maintes fois affirmées, mais il s'agit très vraisemblablement d'excitations au niveau du clitoris, d'un organe qui est donc analogue au pénis, ce qui n'empêche qu'on soit bien fondé à qualifier la phase de phallique.

garçon entre dans la phase œdipienne, il commence à exercer une activité manuelle avec le pénis en ayant en même temps des fantaisies d'une quelconque activité sexuelle de celui-ci avec la mère, jusqu'à ce que, de par l'action conjointe de la menace de castration et de la vue de l'absence de pénis chez la femme, il connaisse le plus grand trauma de sa vie, qui introduit la période de latence avec toutes ses conséquences. La fille, après la vaine tentative pour égaler le garçon, a connaissance de son manque de pénis ou, pour mieux dire, de l'infériorité de son clitoris, avec des conséquences durables pour le développement de son caractère ; par suite de cette première déception dans la rivalité, il y a fréquemment un premier détournement par rapport à la vie sexuelle en général.

Ce serait se méprendre de croire que ces trois phases se relaient l'une l'autre purement et simplement ; l'une vient s'ajouter à l'autre, elles se superposent, elles coexistent. Dans les phases précoces, les diverses pulsions partielles visent l'acquisition de plaisir indépendamment les unes des autres ; dans la phase phallique apparaissent les débuts d'une organisation qui subordonne les autres tendances au primat des organes génitaux et signifie le commencement de l'intégration dans la fonction sexuelle de la tendance générale au plaisir. L'organisation pleine et entière n'est atteinte qu'avec la puberté, dans une quatrième phase, génitale. S'est alors établi un état où 1) bien des investissements de libido antérieurs se trouvent conservés, 2) d'autres sont admis dans la fonction sexuelle en tant qu'actes préparatoires et venant en soutien, dont la satisfaction produit ce qu'on appelle le plaisir préliminaire, 3) d'autres tendances sont exclues de l'organisation, ou bien sont absolument réprimées (refoulées), ou bien connaissent une autre utilisation dans le moi, forment des traits de caractère, subissent des sublimations avec déplacements de but.

Ce procès ne s'effectue pas toujours impeccablement. Dans son développement, les inhibitions se font connaître sous la forme de
78 troubles multiples de la vie sexuelle. Il existe alors des fixations de la libido à des états de phases antérieures, dont la tendance, indépendante du but sexuel *normal*, est qualifiée de *perversion*. Une telle inhibition de développement est, par ex., l'homosexualité, lorsqu'elle est manifeste. L'analyse met en évidence qu'une liaison d'objet homosexuelle existe dans tous les cas et se trouve ainsi conservée dans la plupart d'entre eux

de manière *latente*. Les choses se compliquent du fait qu'en règle générale les processus exigés pour que s'instaure l'issue normale ne s'effectuent pas ou sont manquants, mais qu'ils s'effectuent *partiellement*, si bien que la configuration finale reste dépendante de ces relations *quantitatives*. L'organisation génitale est alors atteinte, il est vrai, mais affaiblie quant aux parties de la libido qui n'ont pas suivi et sont restées fixées à des objets et des buts prégénitaux. Cet affaiblissement se manifeste dans le penchant de la libido, dans le cas d'une non-satisfaction génitale ou de difficultés réelles, à revenir aux investissements prégénitaux antérieurs *(régression)*.

Au cours de l'étude des fonctions sexuelles, nous avons pu acquérir une première et préalable conviction – pour le dire plus exactement, un pressentiment de deux idées qui s'avéreront plus tard importantes dans l'ensemble du domaine. Premièrement, que les manifestations normales et anormales que nous observons, c.-à-d. la phénoménologie, exigent une description du point de vue de la dynamique et de l'économique (dans notre cas, la répartition quantitative de la libido) ; et, deuxièmement, que l'étiologie des troubles que nous étudions est à trouver dans l'histoire de développement, donc dans la période précoce de l'individu.

Chapitre 4

QUALITÉS PSYCHIQUES

Nous avons décrit la structure de l'appareil psychique, les énergies ou 79
forces qui sont actives en lui, et nous avons vu, sur un exemple éminent, comment ces énergies, principalement la libido, s'organisent en une fonction physiologique au service de la conservation de l'espèce. Il n'y avait rien là qui plaidât en faveur du caractère tout à fait spécifique du psychique, abstraction faite, naturellement, de ce fait empirique que les fonctions que nous appelons notre vie d'âme ont pour fondement cet appareil et ces énergies. Nous nous tournons maintenant vers ce qui est la caractéristique unique de ce psychique qui, selon une opinion extrêmement répandue, coïncide même avec lui, à l'exclusion de tout autre chose.

Le point de départ de cette investigation est donné par ce fait sans équivalent, défiant toute explication comme toute description, qu'est la conscience. Si l'on parle de conscience, on sait pourtant immédiatement par l'expérience la plus personnelle ce que l'on entend par là [1]. Pour beaucoup de personnes, à l'intérieur comme à l'extérieur de la science, il suffit d'admettre que la conscience seule est le psychique et qu'il ne reste alors rien d'autre à faire en psychologie que de différencier, au sein de la phénoménologie psychique, perceptions, sentiments, processus de pensée et actes de volonté. Or, selon un accord général,
ces processus conscients ne forment pas des séries fermées sur elles- 80
mêmes et sans lacunes, de sorte qu'il n'y aurait plus qu'à admettre des processus concomitants, physiques ou somatiques, du psychique, processus auxquels on doit concéder une plus grande exhaustivité qu'aux séries psychiques, puisque certains d'entre eux ont des processus parallèles conscients, mais d'autres non. On est naturellement tenté en psy-

1. Une orientation extrême comme celle du behaviorisme[a], né en Amérique, croit pouvoir édifier une psychologie qui fasse abstraction de ce fait fondamental !

a. Théorie élaborée par le psychologue américain John Broadus Watson.

chologie de mettre l'accent sur ces processus somatiques, de reconnaître en eux ce qui est proprement psychique et de chercher pour les processus conscients une autre prise en compte. Mais la plupart des philosophes, ainsi que beaucoup d'autres gens, se rebellent contre cela et déclarent qu'un psychique inconscient est un non-sens.

C'est précisément ce que doit faire la psychanalyse, et c'est là sa seconde hypothèse fondamentale[a]. Elle déclare que les processus concomitants supposés somatiques sont le psychique proprement dit, faisant ainsi abstraction, pour commencer, de la qualité de la conscience. Elle n'est pas seule à faire ainsi. Nombre de penseurs, comme par ex. *Th. Lipps*[b], ont exprimé la même chose en des termes semblables, et l'insuffisance qu'il y avait généralement dans la conception courante du psychique a eu pour conséquence qu'un concept d'inconscient réclamait son admission avec de plus en plus d'insistance dans la pensée psychologique, bien que de façon si indéterminée et si insaisissable qu'elle n'a pas pu avoir d'influence sur la science.[c]

Il semble alors ne s'agir, dans cette différence entre la psychanalyse et la philosophie, que d'une simple question de définition : s'agit-il d'accorder le nom de psychique à l'une ou l'autre série ? En réalité, cette démarche est devenue des plus significatives. Alors que dans la psychologie de la conscience on n'allait jamais plus loin que ces séries lacunaires dépendant manifestement d'autre chose venu d'ailleurs, l'autre conception, selon laquelle le psychique est en soi inconscient, a permis de transformer la psychologie en une science de la nature comme n'importe quelle autre. Les processus dont elle s'occupe sont en soi tout aussi inconnaissables que ceux des autres sciences, chimie ou physique, mais il est possible de fixer les lois auxquelles ils obéissent, de suivre intégralement sur de vastes distances leurs relations et dépendances réciproques, et c'est cela que l'on désigne comme compréhen-
81 sion du domaine en question des phénomènes de la nature. Cela ne peut se faire alors sans de nouvelles hypothèses ni la création de nou-

a. Cf. *supra*, p. 9.

b. Theodor Lipps (1851-1914), universitaire et philosophe, qui considérait la psychologie comme la base de la philosophie.

c. Ici était rattachée, dans l'édition originale, une longue note de bas de page. Il s'agissait de deux fragments du texte publié ensuite sous le titre « Some Elementary Lessons in Psycho-Analysis ». Cf. *infra*, p. 85.

veaux concepts, mais ces derniers ne doivent pas être méprisés comme des témoignages de notre embarras, mais plutôt être appréciés comme des enrichissements de la science ; ils revendiquent la même valeur d'approximation que les constructions intellectuelles auxiliaires correspondantes dans d'autres sciences de la nature, ils attendent leurs modifications et leurs rectifications, ainsi que leur détermination plus fine grâce à des expériences accumulées et passées au crible. Ce qui correspond alors aussi tout à fait à notre attente, c'est que les concepts fondamentaux de la nouvelle science, ses principes (pulsion, énergie nerveuse, etc.), restent, pour un temps assez long, aussi indéterminés que ceux des anciennes sciences (force, masse, attraction).

Toutes les sciences reposent sur des observations et des expériences que transmet notre appareil psychique. Mais, étant donné que notre science a pour objet cet appareil lui-même, l'analogie prend fin ici. Nous faisons nos observations au moyen de ce même appareil de perception, à l'aide justement des lacunes dans le psychique, en complétant ce qui est omis par des déductions d'évidence et en le traduisant en matériel conscient. Nous établissons ainsi, en quelque sorte, une série complémentaire consciente rejoignant le psychique inconscient. La relative certitude de notre science psychique repose sur ce que ces conclusions ont d'obligatoire. Celui qui se plongera dans ce travail constatera que notre technique tient bon face à toute critique.

Au cours de ce travail, les différenciations que nous désignons comme qualités psychiques s'imposent à nous. Il n'est pas besoin de caractériser ce que nous appelons conscient, c'est la même chose que la conscience des philosophes et de l'opinion populaire. Tout le reste du psychique constitue pour nous l'inconscient. Nous serons bientôt amenés à faire l'hypothèse d'une distinction importante dans cet inconscient. Nombre de processus deviennent facilement conscients, puis ne le sont plus, mais peuvent sans peine le redevenir ; comme on dit, ils peuvent être reproduits ou remémorés. Ce qui nous rappelle que la conscience n'est rien d'autre qu'un état des plus fugitifs. Ce qui est conscient ne l'est que pour un moment. Si nos perceptions ne confirment pas cela, ce n'est qu'une contradiction apparente ; elle 82
vient de ce que les stimuli menant à la perception peuvent se maintenir un certain temps, de sorte que la perception peut alors se répéter. Tout cet état de choses devient clair avec la perception consciente de nos

processus de pensée qui, il est vrai, peuvent aussi se maintenir, mais peuvent tout aussi bien s'être déroulés en un instant. Tout ce qui est inconscient se comportant ainsi et pouvant si facilement échanger son état inconscient contre un état conscient, nous préférons l'appeler, pour cette raison, capable de conscience ou *préconscient.* L'expérience nous a enseigné qu'il n'y a guère de processus psychique, si compliqué soit-il, qui ne puisse rester à l'occasion préconscient, même si, en règle générale, il avance jusqu'à la conscience, selon notre façon de nous exprimer.

D'autres processus et contenus psychiques n'ont pas un accès aussi facile au devenir-conscient, mais doivent être déduits, devinés de la manière que nous avons décrite, et traduits dans un mode d'expression conscient. C'est à ces processus que nous réservons le nom d'« inconscient » proprement dit. Nous avons donc attribué trois qualités aux processus psychiques : ils sont ou bien conscients, ou bien préconscients, ou bien inconscients. La distinction entre les trois classes de contenus qui sont dotés de ces qualités n'est ni absolue ni permanente. Ce qui est préconscient devient, comme nous le voyons, conscient sans notre intervention ; l'inconscient peut, par nos efforts, être rendu conscient et, ce faisant, nous pouvons avoir le sentiment de surmonter souvent de très fortes résistances. Quand nous faisons cette tentative sur quelqu'un d'autre, nous ne devons pas oublier que le comblement conscient de sa lacune de perception, la construction que nous lui apportons, ne signifie pas encore que nous ayons rendu conscient chez lui le contenu inconscient en question. Au contraire, ce contenu est tout d'abord présent chez lui dans une fixation double, une fois dans la reconstruction consciente qu'il a perçue et, en dehors de cela, dans son état inconscient originel. Nos efforts prolongés réussissent alors la plupart du temps à faire que cet inconscient lui devienne conscient à lui-même, grâce à quoi les deux fixations coïncident. La mesure de nos efforts d'après laquelle nous évaluons la résistance au devenir-conscient est d'une gran-
83 deur différente pour chacun des cas. Ce qui constitue, par ex. dans le traitement analytique, le résultat de nos efforts, peut aussi se produire spontanément, un contenu d'ordinaire inconscient peut se transformer en un contenu préconscient et ensuite devenir conscient, comme cela se passe dans une large mesure dans des états psychotiques. Nous en concluons que le maintien de certaines résistances internes est une

condition de la normalité. Il se produit régulièrement un tel relâchement des résistances avec ce qui en résulte : dans l'état de sommeil un contenu inconscient opère une avancée, la condition de la formation du rêve étant ainsi établie. À l'inverse, un contenu préconscient peut être temporairement inaccessible, barré par des résistances, comme c'est le cas lors de l'oubli temporaire (trou de mémoire), ou alors une pensée préconsciente peut elle-même être temporairement rétrogradée dans l'état inconscient, ce qui semble être la condition du trait d'esprit. Nous verrons que cette sorte de rétrotransformation de contenu (ou processus) préconscient dans l'état inconscient joue un grand rôle dans la causation des troubles névrotiques.

Présentée dans sa généralité et sa simplification, la doctrine des trois qualités du psychique semble être davantage une source de confusion infinie qu'une contribution à l'éclaircissement des choses. Il ne faut pourtant pas oublier qu'elle n'est pas à proprement parler une théorie, mais plutôt un premier compte rendu des faits de nos observations, qu'elle s'en tient à ces faits d'aussi près que possible et qu'elle n'essaie pas de les expliquer. Les complications qu'elle met à découvert feront peut-être comprendre les difficultés particulières auxquelles notre recherche doit se confronter. Mais il est à présumer aussi que cette doctrine nous deviendra plus proche si nous observons les relations qui s'établissent entre les qualités psychiques et les provinces ou instances supposées par nous de l'appareil psychique. Quoi qu'il en soit, ces relations aussi sont loin d'être simples.

Le devenir-conscient est avant tout rattaché aux perceptions que nos organes sensoriels acquièrent du monde extérieur. Pour le mode de considération topique, c'est donc un phénomène qui se passe dans la couche corticale la plus externe du moi. Cependant nous recevons aussi des informations conscientes venant de l'intérieur du corps, les sentiments, qui ont même sur notre vie d'âme une influence plus impérieuse 84
que les perceptions externes, et dans certaines circonstances les organes sensoriels livrent aussi des sentiments, des sensations de douleur, en dehors de leurs perceptions spécifiques. Mais comme ces sensations, ainsi que nous les appelons pour les différencier des perceptions conscientes, partent également des organes terminaux, et que nous concevons l'ensemble de ces derniers comme un prolongement, une extension de la couche corticale, nous pouvons maintenir l'affirmation

ci-dessus. À cette seule différence que, pour les organes terminaux des sensations et sentiments, c'est le corps lui-même qui remplacerait le monde extérieur.

Des processus conscients à la périphérie du moi, tous les autres processus dans le moi étant inconscients – tel serait l'état de choses le plus simple dont nous aurions à faire l'hypothèse. Il se peut d'ailleurs qu'il en aille effectivement de même chez les animaux ; chez l'être humain vient s'ajouter une complication faisant que des processus internes dans le moi peuvent aussi acquérir la qualité de conscience. C'est là l'œuvre de la fonction du langage, qui établit une liaison solide entre des contenus du moi et des restes mnésiques de perceptions visuelles, mais particulièrement acoustiques. Dès lors, la périphérie perceptive de la couche corticale peut être excitée aussi de l'intérieur dans une bien plus large mesure, des processus internes tels que les cours de représentations et les processus de pensée peuvent devenir conscients, et il est besoin d'un dispositif particulier qui différencie les deux possibilités, ce que l'on appelle l'*examen de réalité*. L'assimilation perception-réalité (monde extérieur) n'a plus de raison d'être. Des erreurs qui maintenant se produisent facilement, régulièrement dans le rêve, sont appelées *hallucinations*.

L'intérieur du moi, qui comprend avant tout les processus de pensée, a la qualité de préconscient. C'est elle qui caractérise le moi, qui lui revient à lui seul. Mais il ne serait pas exact de faire de la liaison avec les restes mnésiques du langage la condition de l'état préconscient, cet état en est plutôt indépendant, même si la condition du langage autorise à conclure avec certitude à la nature préconsciente du processus. L'état préconscient, qui se distingue d'une part par son accès à la conscience, d'autre part par sa connexion avec les restes de langage, est cependant quelque chose de particulier dont la nature n'est pas épuisée
85 par ces deux caractères. La preuve en est que de grandes parts du moi, avant tout du surmoi auquel on ne peut contester le caractère de préconscient, restent bien, pour l'essentiel, inconscientes, au sens phénoménologique. Nous ne savons pas pourquoi il faut qu'il en soit ainsi. Nous essaierons plus tard d'aborder le problème de la véritable nature du préconscient.

L'inconscient est la seule qualité qui domine dans le ça. Ça et inconscient vont ensemble de façon tout aussi intime que moi et préconscient, le rapport est même ici encore plus exclusif. Un regard en arrière sur l'histoire du développement de la personne et de son appareil psychique nous amène à constater une différenciation significative dans le ça. À l'origine tout était ça, le moi s'est développé à partir du ça du fait de l'influence du monde extérieur qui s'est poursuivie. Durant ce lent développement, certains contenus du ça sont passés dans l'état préconscient et ont ainsi été admis dans le moi. D'autres sont restés inchangés dans le ça, constituant son noyau difficilement accessible. Mais, durant ce développement, le moi jeune et sans force a de nouveau reporté dans l'état inconscient certains contenus qu'il avait déjà admis, les a abandonnés, et s'est comporté de la même manière envers nombre de nouvelles impressions qu'il aurait pu admettre, de sorte que ces dernières, ayant été repoussées, n'ont pu laisser de trace que dans le ça. Cette dernière part du ça, nous l'appelons, compte tenu de son mode d'apparition, le refoulé. Il importe peu que nous ne puissions pas toujours différencier rigoureusement dans le ça ces deux catégories. Cela recoupe à peu près la séparation faite entre ce qui est apporté avec soi à l'origine et ce qui est acquis durant le développement du moi.

Mais si nous avons opté pour la décomposition topique de l'appareil psychique en moi et ça, avec laquelle va de pair la différenciation qualitative entre préconscient et inconscient, et si nous avons pris cette qualité seulement comme un indice de cette différence et non pas comme son essence, en quoi consiste alors la nature proprement dite de l'état qui se révèle dans le ça par la qualité d'inconscient, dans le moi par celle de préconscient, et en quoi la différence entre les deux réside-t-elle ?

Eh bien, nous n'en savons rien et, sur l'arrière-plan d'obscurité profonde de cette ignorance, nos rares connaissances se détachent bien 86
faiblement. Nous nous sommes approchés ici du secret véritable, encore non dévoilé, du psychique. Nous faisons l'hypothèse, comme d'autres sciences de la nature nous en ont donné l'habitude, qu'une sorte d'énergie est active dans la vie d'âme, mais il nous manque tous les points d'appui nous permettant d'en approcher la connaissance par des analogies avec d'autres formes d'énergies. Nous croyons reconnaître que l'énergie nerveuse ou psychique existe sous deux formes, l'une facilement mobile, l'autre plutôt liée, nous parlons d'investissements et de surinvestissements des contenus, et nous allons même jusqu'à supposer

qu'un « surinvestissement » produit une sorte de synthèse de divers processus au cours de laquelle l'énergie libre est transposée en énergie liée. Nous nous sommes arrêtés là ; quoi qu'il en soit, nous tenons fermement à l'idée que la différence entre l'état inconscient et l'état préconscient réside elle aussi dans de tels rapports dynamiques – ce qui amènerait à comprendre que l'un puisse être translaté dans l'autre, spontanément ou grâce à notre concours.

Mais derrière toutes ces incertitudes se trouve un fait nouveau dont nous devons la découverte à la recherche psychanalytique. Nous avons appris que les processus dans l'inconscient ou dans le ça obéissent à d'autres lois que ceux dans le moi préconscient. Nous nommons ces lois prises dans leur ensemble *processus primaire*, par opposition au *processus secondaire* qui règle ce qui se déroule dans le préconscient, dans le moi. Ainsi donc, pour finir, l'étude des qualités psychiques ne se serait quand même pas avérée infructueuse.

Chapitre 5

L'INTERPRÉTATION DU RÊVE COMME EXPLICITATION

L'investigation d'états normaux et stables dans lesquels les frontières du moi, assurées contre le ça par des résistances (contre-investissements), n'ont pas bougé, et dans lesquels le surmoi n'est pas différencié du moi, parce que tous deux travaillent de concert, une telle investigation ne nous apporterait que peu d'éclaircissements. La seule chose qui peut nous faire avancer, ce sont des états de conflit et de révolte, lorsque le contenu du ça inconscient a la perspective de pénétrer dans le moi et jusqu'à la conscience, et que le moi se met de nouveau en position de défense contre cette irruption. C'est seulement dans ces conditions que nous pouvons faire les observations qui confirment ou rectifient nos indications sur les deux partenaires. Or le sommeil nocturne est l'un de ces états, et c'est pourquoi l'activité psychique dans le sommeil, que nous percevons en tant que rêve, est aussi notre objet d'étude le plus favorable. Ainsi, nous évitons également le reproche souvent entendu de construire la vie d'âme normale sur des données pathologiques, car le rêve est une occurrence régulière dans la vie des êtres normaux, si tant est que ses caractères se différencient des productions de notre vie de veille. Le rêve, comme chacun sait, peut être confus, incompréhensible, et même insensé, ses indications peuvent contredire tout ce que nous savons de la réalité, et nous nous comportons comme des malades mentaux en attribuant, aussi longtemps que nous rêvons, une réalité objective aux contenus du rêve.

87

88

Nous nous engageons sur la voie de la compréhension (« interprétation ») du rêve en faisant l'hypothèse que ce dont nous nous souvenons en tant que rêve après le réveil n'est pas le véritable processus du rêve, mais seulement une façade derrière laquelle celui-ci se cache. C'est de cette façon que nous différencions un contenu de rêve *manifeste* et les pensées de rêve *latentes*. Le processus par lequel le premier procède de ces dernières, nous l'appelons le *travail de rêve*. L'étude du travail de rêve nous enseigne, sur cet excellent exemple, comment du matériel inconscient, provenant du ça, originel et refoulé, s'impose au moi, devient préconscient et, du fait de la rébellion du moi, subit ces modifications que nous connaissons en tant que *déformation du rêve*. Il n'y a pas de caractère du rêve qui ne puisse trouver de cette manière son éclaircissement.

Le mieux est de commencer par constater qu'il y a deux sortes de facteurs occasionnant la formation du rêve. Ou bien une motion pulsionnelle d'ordinaire réprimée (un souhait inconscient) a trouvé pendant le sommeil la force de se faire valoir dans le moi, ou bien une tendance qui est restée de la vie de veille – un cheminement de pensée préconscient avec toutes les motions de conflit qui s'y rattachent – a trouvé dans le sommeil, du fait d'un élément inconscient, un renforcement. Donc des rêves provenant du ça ou du moi. Le mécanisme de la formation du rêve est dans les deux cas identique, la condition dynamique est également la même. Le moi fait la preuve de son apparition ultérieure à partir du ça en ce qu'il suspend temporairement ses fonctions et autorise le retour à un état antérieur. Cela se passe correctement quand il rompt ses relations avec le monde extérieur et retire ses investissements des organes sensoriels. On peut dire à bon droit qu'avec la naissance est apparue une pulsion consistant à retourner à la vie intra-utérine, qui a été abandonnée, une pulsion de sommeil. Le sommeil est cette sorte de retour dans le ventre maternel. Étant donné que le moi vigile domine la motilité, cette fonction est paralysée dans l'état de sommeil, et ainsi une bonne partie des inhibitions imposées au ça inconscient devient superflue. Le retrait ou l'abaissement de ces
89 « contre-investissements » permet alors au ça un degré de liberté désormais inoffensif. Les preuves de la part que prend le ça inconscient à la formation du rêve sont abondantes et de nature contraignante. *a)* La mémoire de rêve englobe bien plus de choses que la mémoire à l'état de veille. Le rêve apporte des souvenirs que le rêveur a oubliés, qui lui étaient inaccessibles à l'état de veille. *b)* Le rêve fait un usage illimité des symboles langagiers dont le rêveur ne connaît pas, la plupart du temps, la signification. Mais nous pouvons confirmer leur sens par notre expérience. Ils sont vraisemblablement issus des phases antérieures du développement du langage. *c)* La mémoire du rêve reproduit très fréquemment des impressions de l'enfance précoce du rêveur, dont

nous pouvons résolument affirmer que non seulement elles avaient été oubliées, mais encore qu'elles étaient devenues inconscientes du fait du refoulement. C'est sur quoi est basée l'aide la plupart du temps indispensable du rêve lors de la reconstruction de la période précoce du rêveur que nous tentons dans le traitement psychanalytique. *d)* Qui plus est, le rêve met au jour des contenus qui ne peuvent provenir ni de la maturité ni de l'enfance oubliée du rêveur. Nous devons les considérer comme une partie de l'héritage *archaïque* que l'enfant, influencé par ce qu'ont vécu ses ancêtres, apporte avec lui au monde, avant toute expérience propre. Nous trouvons ensuite les pendants à ce matériel phylogénétique dans les plus anciennes légendes de l'humanité et dans ceux de ses usages qui ont survécu. Le rêve devient ainsi une source pour la préhistoire humaine qu'on ne saurait négliger.

Mais ce qui rend le rêve tellement inestimable pour notre compréhension des choses, c'est le fait que le matériel inconscient, pénétrant dans le moi, apporte avec lui ses modes de travail. Ce qui veut dire que les pensées préconscientes dans lesquelles il a trouvé son expression sont traitées, au cours du travail de rêve, comme si elles étaient des parts inconscientes du ça, et dans l'autre cas, celui de la formation du rêve, les pensées préconscientes qui sont allées chercher le renforcement de la motion pulsionnelle inconsciente se trouvent rabaissées à l'état inconscient. C'est par cette seule voie que nous apprenons quelles sont les lois régissant le cours dans l'inconscient et en quoi elles se différencient des règles que nous connaissons dans la pensée vigile. Le travail de rêve 90
est donc, pour l'essentiel, un cas d'élaboration inconsciente de processus de pensée préconscients. Recourons à une comparaison tirée de l'histoire : les conquérants envahisseurs traitent le pays conquis non pas selon le droit qu'ils y trouvent, mais selon leur propre loi. On ne peut pourtant méconnaître que le résultat du travail de rêve est un compromis. Dans la déformation imposée au matériau inconscient et dans les tentatives souvent fort insuffisantes pour donner à l'ensemble une forme encore acceptable pour le moi (élaboration secondaire), on peut reconnaître l'influence de l'organisation du moi qui n'est pas encore paralysée. C'est, dans notre comparaison, l'expression de la résistance persistante de ceux qui ont été assujettis.

Les lois régissant le cours dans l'inconscient qui se font jour de cette manière sont assez singulières et suffisent à expliquer la plus grande

partie de ce qui nous semble étrange à propos du rêve. Il y a là avant tout une tendance frappante à la *condensation*, un penchant à former de nouvelles unités à partir d'éléments que nous aurions sans aucun doute maintenus séparés dans la pensée vigile. En conséquence, un élément unique du rêve manifeste représente souvent un grand nombre de pensées de rêve latentes, comme s'il était une allusion commune à toutes, et d'une manière générale l'ampleur du rêve manifeste est extraordinairement réduite en comparaison du riche matériau dont il est issu. Une autre particularité du travail de rêve, qui n'est pas tout à fait indépendante de la précédente, est la facilité du *déplacement* des intensités psychiques (investissements) d'un élément à un autre, de sorte que souvent dans le rêve manifeste un élément qui était accessoire dans les pensées de rêve apparaît comme le plus net et, partant, le plus important, et, à l'inverse, des éléments essentiels des pensées de rêve sont seulement représentés par d'infimes allusions dans le rêve manifeste. Par ailleurs, des points communs pour la plupart fort insignifiants suffisent au travail de rêve pour remplacer un élément par un autre dans toutes les autres opérations. Il est facile de comprendre à quel point peuvent être rendues difficiles, par ces mécanismes de la condensation et du déplacement, l'interprétation du rêve et la mise à découvert des relations entre
91 rêve manifeste et pensées de rêve latentes. Notre théorie tire de la mise en évidence de ces deux tendances à la condensation et au déplacement la conclusion que, dans le ça inconscient, l'énergie se trouve dans un état de libre mobilité et que, s'agissant des quantités d'excitation, la possibilité de l'éconduction importe davantage au ça que tout autre chose[1] et elle utilise ces deux particularités pour caractériser le processus primaire attribué au ça.

Par l'étude du travail de rêve nous avons appris à connaître bien d'autres singularités encore, aussi remarquables qu'importantes, des processus dans l'inconscient, dont seules quelques-unes seront mentionnées ici. Les règles déterminantes de la logique ne sont pas valables dans l'inconscient, on peut dire que c'est le royaume de l'illogisme. Des tendances aux buts opposés coexistent dans l'inconscient, sans qu'un besoin

1. On en trouverait une analogie chez le sous-officier qui, venant de recevoir sans mot dire une réprimande de son supérieur, se crée un exutoire à la rage qu'il en a éprouvée en la passant sur le premier innocent venu.

de les harmoniser se fasse sentir. Ou bien elles n'ont absolument aucune influence réciproque, ou bien, dans le cas contraire, il n'intervient aucune décision mais un compromis qui est insensé parce qu'il inclut des détails inconciliables entre eux. Dans le même ordre de choses, des opposés ne sont pas maintenus séparés, mais sont traités comme s'ils étaient identiques, de sorte que dans le rêve manifeste chaque élément peut aussi signifier son contraire. Quelques linguistes ont reconnu qu'il en était de même dans les langues les plus anciennes et que des opposés tels que « fort-faible », « clair-obscur », « élevé-profond » étaient à l'origine exprimés par la même racine jusqu'à ce que deux modifications différentes du mot originaire aient séparé les deux significations[a]. Des restes de ce double sens originel se sont apparemment maintenus dans une langue aussi hautement développée que le latin dans l'usage qu'il fait de *altus* (haut et profond), *sacer* (sacré et impie[b]) etc.

Au vu de la complication et de la multivocité des relations entre le rêve manifeste et le contenu latent qui se trouve derrière lui, on est bien sûr en droit de demander de quelle façon on en arrive même à faire dériver l'un de l'autre et si l'on n'en est pas réduit alors à devoir 92
deviner juste, soutenu éventuellement par la traduction des symboles apparaissant dans le rêve manifeste. Il nous est permis d'apporter cette information : ce problème peut trouver sa solution dans la plupart des cas de façon satisfaisante, mais seulement à l'aide des associations que le rêveur livre lui-même à propos des éléments du contenu manifeste. Tout autre procédé est arbitraire et n'offre aucun résultat certain. Mais les associations du rêveur amènent au jour les maillons intermédiaires que nous insérons dans la lacune entre les deux[c] et à l'aide desquels nous pouvons rétablir le contenu latent du rêve, interpréter le rêve. On ne peut s'étonner si ce travail d'interprétation, opposé au travail de rêve, n'atteint pas toujours une pleine et entière certitude.

Il nous reste encore à éclaircir du point de vue dynamique la raison pour laquelle le moi qui dort assume finalement la tâche du travail de rêve. Cet éclaircissement est heureusement facile à trouver. Tout rêve en cours de formation pose une revendication au moi, avec l'aide de

a. Cf. « Du sens opposé des mots originaires », *OCF.P*, X.
b. Cf. *L'homme Moïse et la religion monothéiste*, *OCF.P*, XX, p. 200.
c. entre le rêve manifeste et le contenu latent.

l'inconscient, celle de la satisfaction d'une pulsion s'il est issu du ça, celle de la résolution d'un conflit, de la levée d'un doute, de l'établissement d'un projet s'il est issu d'un reste d'activité préconsciente dans la vie de veille. Le moi qui dort est réglé toutefois sur le souhait de maintenir le sommeil, il ressent cette revendication comme une perturbation et il cherche à éliminer cette perturbation. Le moi y réussit par un acte d'une apparente docilité en opposant à cette revendication un *accomplissement de souhait*, anodin dans ces circonstances, et la supprime ainsi. Ce remplacement de la revendication par un accomplissement de souhait demeure la réalisation essentielle du travail de rêve. Il n'est peut-être pas superflu d'expliciter cela à partir de trois exemples simples, un rêve de faim, un rêve de commodité et un rêve inspiré par le besoin sexuel. Chez le rêveur un besoin de nourriture se signale pendant le sommeil, il rêve d'un magnifique repas et continue de dormir. Il avait bien sûr le choix de se réveiller pour manger ou de poursuivre le sommeil. Il s'est décidé pour la dernière solution et a satisfait la faim par le rêve. Du
93 moins pour un temps ; si la faim persiste, il devra quand même se réveiller. L'autre cas : le rêveur doit se réveiller pour être à une certaine heure à la clinique. Mais il continue de dormir et rêve qu'il se trouve déjà à la clinique, mais en tant que patient qui n'a pas à quitter son lit. Ou alors, pendant la nuit, se fait sentir la désirance de jouir d'un objet sexuel interdit, la femme d'un ami. Il rêve d'un commerce sexuel, non pas, il est vrai, avec cette personne, mais avec une autre qui porte le même nom, bien qu'elle lui soit indifférente. Ou bien sa rébellion se manifestera dans le fait que la femme aimée dans le rêve restera absolument anonyme.

Naturellement, tous les cas ne se présentent pas de façon aussi simple ; en particulier dans les rêves qui sont issus de restes du jour non liquidés et qui n'ont fait qu'aller chercher un renforcement inconscient dans l'état de sommeil, il n'est pas toujours facile de mettre à découvert la force de pulsion inconsciente et de mettre en évidence l'accomplissement de souhait de cette dernière, mais on peut supposer qu'elle existe toujours. La thèse selon laquelle le rêve est un accomplissement de souhait ne manquera pas de se heurter à de l'incrédulité, si l'on se souvient que beaucoup de rêves ont un contenu directement pénible ou conduisent même à se réveiller en proie à l'angoisse, sans même compter les rêves si fréquents qui n'ont pas une tonalité de sentiment précise.

Mais l'objection du rêve d'angoisse ne tient pas face à l'analyse. Il ne faut pas oublier que le rêve est dans tous les cas le résultat d'un conflit, une sorte de formation de compromis. Ce qui est une satisfaction pour le ça inconscient peut, pour cette raison justement, être pour le moi un motif d'angoisse.

Selon la façon dont se passe le travail de rêve, c'est une fois l'inconscient qui s'est le mieux imposé, l'autre fois le moi qui s'est le plus énergiquement défendu. Les rêves d'angoisse sont pour la plupart ceux dont le contenu a connu la moindre déformation. Si la revendication de l'inconscient devient trop grande, de sorte que le moi qui dort n'est pas en mesure de s'en défendre par les moyens disponibles, il abandonne alors le souhait de dormir et retourne à la vie de veille. On tient compte de toutes les expériences en disant que le rêve est à chaque fois une *tentative* pour éliminer la perturbation du sommeil par l'accomplissement de souhait, qu'il est donc le protecteur du sommeil. Cette tentative peut réussir plus ou moins parfaitement, elle peut échouer et alors le dormeur s'éveille, réveillé en apparence par ce même rêve. Et le 94
brave veilleur de nuit qui doit protéger le sommeil de la bourgade n'a lui non plus rien d'autre à faire dans certaines circonstances que de sonner l'alarme et de réveiller les citoyens qui dorment.

En conclusion de ces discussions nous ajouterons la communication qui justifiera que nous nous soyons longuement attardés sur ce problème de l'interprétation du rêve. Il est apparu que les mécanismes inconscients que nous avons reconnus par l'étude du travail de rêve et qui nous ont expliqué la formation du rêve, que ces mêmes mécanismes nous aident aussi à comprendre ces énigmatiques formations de symptômes par lesquelles les névroses et les psychoses mobilisent notre intérêt. Une telle concordance ne peut qu'éveiller chez nous de grands espoirs.

DEUXIÈME PARTIE

LA TÂCHE PRATIQUE

Chapitre 6

LA TECHNIQUE PSYCHANALYTIQUE

Le rêve est donc une psychose, avec toutes les inepties, formations 97
délirantes, illusions sensorielles propres à celle-ci. Une psychose, il est vrai, de courte durée, inoffensive, et même chargée d'une fonction utile, amorcée par l'assentiment de la personne et terminée par un acte de sa volonté. Mais une psychose malgré tout, et qui nous apprend qu'une modification de la vie d'âme, aussi profonde soit-elle, peut être annulée et faire place à une fonction normale. Dès lors, est-il hardi d'espérer pouvoir soumettre aussi à notre influence les affections spontanées et redoutées de la vie d'âme et les amener à la guérison ?

Nous savons déjà bien des choses qui préparent cette entreprise. D'après notre présupposition, le moi a pour tâche de satisfaire aux revendications de ses trois relations de dépendance, vis-à-vis de la réalité, du ça et du surmoi, tout en maintenant cependant son organisation et en affirmant son autonomie. La condition des états morbides dont il est question ne peut être qu'un affaiblissement relatif ou absolu du moi, lui rendant impossible l'accomplissement de ses tâches. L'exigence la plus difficile posée au moi consiste vraisemblablement à tenir en sujétion les revendications pulsionnelles du ça, ce pour quoi il doit assurer de grandes dépenses en contre-investissements. Mais il se peut aussi que
la revendication du surmoi devienne si forte et si impitoyable que le 98
moi se trouve comme paralysé face à ses autres tâches. Nous soupçonnons que, dans les conflits économiques qui apparaissent ici, ça et surmoi font souvent cause commune contre le moi soumis à une instante pression, lequel, pour conserver la norme qui est la sienne, veut s'accrocher à la réalité. Si les deux premiers deviennent trop forts, ils réussissent à relâcher et à modifier l'organisation du moi, de sorte que sa relation correcte à la réalité est perturbée et même supprimée. C'est ce que nous avons vu dans le rêve ; si le moi se détache de la réalité du monde extérieur, il tombe, sous l'influence du monde intérieur, dans la psychose.

C'est sur ces idées que nous fondons notre projet de guérison. Le moi est affaibli par le conflit intérieur, il nous faut lui venir en aide. C'est comme dans une guerre civile, dont l'issue sera tranchée par le soutien d'un allié du dehors. Le médecin analyste et le moi affaibli du malade doivent, étayés sur le monde extérieur réel, former un parti contre les ennemis, les revendications pulsionnelles du ça et les revendications de conscience du surmoi. Nous concluons ensemble un contrat. Le moi malade nous promet la plus totale sincérité, c.-à-d. la libre disposition de tout le matériau que lui livre son autoperception, nous lui assurons la plus stricte discrétion et mettons à son service notre expérience dans l'interprétation du matériel influencé par l'inconscient. Notre savoir doit compenser son non-savoir, il doit restituer à son moi la domination sur des circonscriptions perdues de la vie d'âme. La situation analytique consiste en ce contrat.

Dès ce pas franchi, nous attendent la première désillusion, la première exhortation à la modestie. Si le moi du malade doit être un allié de valeur dans notre travail commun, il faut qu'il se soit gardé, malgré toute l'instante pression des puissances qui lui sont hostiles, une certaine mesure de cohérence, une part d'intelligence des exigences de la réalité effective. Or, cela, on ne peut l'attendre du moi du psychotique, celui-ci ne peut respecter un tel contrat, il ne peut même pas y souscrire. Très vite, notre personne et l'aide que nous lui offrons sont rejetées dans les parties du monde extérieur qui ne signifient plus rien
99 pour lui. Nous reconnaissons ainsi qu'il nous faut renoncer à essayer sur le psychotique notre projet de guérison. Peut-être y renonçons-nous pour toujours, peut-être seulement de façon temporaire, jusqu'à ce que nous ayons trouvé un autre projet qui lui soit plus approprié.

Mais il existe une autre classe de malades psychiques qui sont à l'évidence très proches des psychotiques, ce nombre formidable de névrosés qui souffrent gravement. Les conditions de maladie, comme aussi les mécanismes pathogènes, doivent être chez eux les mêmes ou du moins très semblables. Mais leur moi s'est montré plus capable de résistance, il est devenu moins désorganisé. Beaucoup d'entre eux pourraient encore s'affirmer dans la vie réelle malgré tous leurs maux et les insuffisances causées par ceux-ci. Ces névrosés peuvent se montrer prêts à accepter notre aide. C'est à eux que nous limiterons notre intérêt et nous essaierons de voir jusqu'à quel point et par quelles voies nous pouvons les « guérir ».

Avec les névrosés nous concluons donc le contrat suivant : sincérité totale contre stricte discrétion. Cela donne l'impression que nous n'aspirons qu'à la position de confesseur laïque. Mais la différence est grande, car nous ne voulons pas seulement l'entendre dire ce qu'il sait et cache aux autres, il doit aussi nous raconter ce qu'il ne sait pas. Dans cette intention nous lui définissons plus précisément ce que nous entendons par sincérité. Nous l'astreignons à la *règle fondamentale* analytique qui doit désormais régir son comportement envers nous. Il ne doit pas seulement nous communiquer ce qu'il dit intentionnellement et de bon gré, ce qui lui apporte un soulagement comme dans une confession, mais aussi toutes les autres choses que lui livre son auto-observation, tout ce qui lui vient à l'esprit, même si cela lui est *désagréable* à dire, même si cela lui apparaît *sans importance*, voire *insensé*. S'il réussit, après ces instructions, à mettre hors circuit son autocritique, il nous livre une quantité de matériel, pensées, idées incidentes, souvenirs, qui se trouvent déjà sous l'influence de l'inconscient, qui sont souvent des rejetons directs de celui-ci et qui nous mettent donc en situation de deviner l'inconscient refoulé chez lui et d'élargir par notre communication la connaissance qu'a son moi de son inconscient.

Mais bien loin de nous l'idée que le rôle de son moi se limiterait à 100
nous apporter dans une obéissance passive le matériel réclamé et à accorder crédit à notre traduction de celui-ci. Il se passe bien d'autres choses, certaines que nous devrions prévoir, d'autres qui ne peuvent que nous surprendre. Le plus remarquable, c'est que le patient ne se borne pas à considérer l'analyste, à la lumière de la réalité, comme celui qui l'aide et le conseille, que l'on rémunère par ailleurs pour la peine qu'il se donne, et qui se contenterait lui-même volontiers, par exemple, du rôle d'un guide dans une difficile excursion de montagne, mais qu'il voit en lui un retour – une réincarnation – d'une personne importante issue de son enfance, de son passé, et qu'il transfère sur lui pour cette raison des sentiments et des réactions qui s'adressaient très certainement à ce modèle. Ce fait du transfert se révèle être bientôt un facteur d'une significativité insoupçonnée, d'une part un adjuvant d'une valeur irremplaçable, d'autre part une source de sérieux dangers. Ce transfert est *ambivalent*, il comprend des attitudes aussi bien positives, tendres que

négatives, hostiles envers l'analyste qui, en règle générale, est mis à la place de l'un des parents, le père ou la mère. Aussi longtemps qu'il est positif, il nous rend les meilleurs services. Il modifie la situation analytique en son entier, écarte l'intention rationnelle de recouvrer la santé et d'être exempt de souffrance. Celle-ci est remplacée par l'intention de plaire à l'analyste, de gagner son approbation et son amour. Le transfert devient le véritable ressort de la collaboration du patient, le moi faible devient fort, sous son influence le patient réalise des performances qui sans cela lui seraient impossibles, il suspend ses symptômes, recouvre apparemment la santé, rien que par amour pour l'analyste. L'analyste s'avouera avec confusion qu'il a commencé une entreprise difficile sans soupçonner les extraordinaires pouvoirs qui allaient être mis à sa disposition.

Qui plus est, le rapport de transfert apporte encore deux autres avantages. Si le patient met l'analyste à la place de son père (ou de sa mère), il lui confère aussi le pouvoir que son surmoi exerce sur son moi, car ses parents ont en effet été l'origine du surmoi. Le nouveau surmoi
101 a désormais l'occasion de procéder à une sorte de *post-éducation* du névrosé, il peut corriger les impairs dont les parents avaient pu se rendre coupables dans leur éducation. Il faut d'ailleurs ici prendre garde à ne pas mésuser de cette nouvelle influence. Si tenté que puisse être l'analyste de devenir pour les autres un maître, un modèle et un idéal, de façonner les hommes à son modèle, il ne doit pas oublier que ce n'est pas sa tâche dans le rapport analytique, et qu'il est même infidèle à sa tâche s'il se laisse entraîner par son penchant. Il ne fait alors que répéter une faute des parents qui avaient étouffé l'indépendance de l'enfant par leur influence, il ne fait que remplacer la dépendance antérieure par une dépendance plus récente. Dans tous ses efforts pour améliorer et éduquer, l'analyste doit cependant respecter la spécificité du patient. La mesure de l'influence qu'il ose exercer légitimement sera déterminée par le degré d'inhibition de développement qu'il rencontre chez le patient. Bien des névrosés sont restés si infantiles que même dans l'analyse ils ne peuvent être traités que comme des enfants.

Un autre avantage encore du transfert est que dans ce transfert le patient nous donne à voir, en net relief, un fragment important de l'histoire de sa vie dont il ne nous aurait sans cela vraisemblablement informé que de manière insuffisante. Il l'agit pour ainsi dire devant nous, au lieu de nous le relater.

Et voici maintenant l'autre côté du rapport. Puisque le transfert reproduit la relation aux parents, il revêt aussi son ambivalence. On ne peut guère éviter que l'attitude positive envers l'analyste vire un jour en attitude négative, hostile. Cette attitude, elle aussi, est habituellement une répétition du passé. La docilité envers le père (s'il s'est agi de lui), la quête de sa faveur, avaient leur racine dans un souhait érotique dirigé sur sa personne. Un jour ou l'autre, cette revendication s'impose aussi dans le transfert et insiste pour être satisfaite. Elle ne peut que se heurter, dans la situation analytique, à un refusement. Des relations sexuelles réelles entre patient et analyste sont exclues, même les modes
plus subtils de satisfaction comme la préférence, l'intimité, etc., ne 102
sont autorisés par l'analyste qu'avec parcimonie. Un tel dédain sera l'occasion de la mutation, la même chose s'étant vraisemblablement passée dans l'enfance du patient.

Les succès thérapeutiques qui se sont produits sous la domination du transfert positif encourent le soupçon d'être de nature *suggestive*. Si le transfert négatif prend le dessus, ces succès sont balayés comme fétus de paille au vent. On constate avec effroi que toute la peine et le travail dépensés jusque-là ont été vains. Oui, même ce que l'on avait pu considérer comme un gain intellectuel durable pour le patient, sa compréhension de la psychanalyse, sa confiance en son efficacité, ont subitement disparu. Il se comporte comme l'enfant qui n'a pas de jugement propre, qui croit aveuglément celui à qui s'adresse son amour, mais non un étranger. À l'évidence, le danger de ces états de transfert consiste en ceci que le patient méconnaît leur nature et les considère comme de nouvelles expériences vécues réelles, et non comme des reflets du passé. S'il (ou si elle) ressent le fort besoin érotique qui se cache derrière le transfert positif, il croit qu'il est tombé passionnément amoureux ; si le transfert connaît un revirement, il se considère comme offensé et négligé, il hait l'analyste comme son ennemi et est prêt à abandonner l'analyse. Dans ces deux cas extrêmes, il a oublié le contrat qu'il avait accepté au début du traitement, il est devenu inapte à la poursuite du travail en commun. L'analyste a pour tâche d'arracher chaque fois le patient à cette illusion menaçante et de lui montrer sans cesse que ce qu'il considère comme une nouvelle vie réelle est un reflet

du passé. Et pour qu'il ne tombe pas dans un état qui le rende inaccessible à tous les arguments, on veille à ce que ni l'état amoureux ni l'hostilité n'atteignent un niveau extrême. C'est ce que l'on fait en le préparant de bonne heure à ces possibilités et en n'en laissant pas les premiers indices échapper à l'attention. Un tel soin dans le maniement du transfert est, habituellement, amplement récompensé. Si l'on réussit, comme c'est le plus souvent le cas, à instruire le patient sur la nature véritable des phénomènes de transfert, on aura amené sa résistance à
103 laisser tomber une arme puissante, on aura transformé les dangers en gains, car ce que le patient a vécu sous les formes du transfert, il ne l'oubliera plus, et cela a pour lui une force plus convaincante que tout ce qui a été acquis d'une autre manière.

Il n'est pas du tout souhaitable pour nous que le patient *agisse* – au lieu de se souvenir – en dehors du transfert ; le comportement idéal pour parvenir à nos fins serait qu'il se conduise en dehors du traitement de la façon la plus normale possible et qu'il ne manifeste ses réactions anormales que dans le transfert.

La voie que nous suivons pour renforcer le moi affaibli part de l'élargissement de la connaissance qu'il a de soi. Nous savons que ce n'est pas tout, mais c'est le premier pas. La perte de cette sorte de connaissance signifie pour le moi une perte de pouvoir et d'influence, elle est le tout premier indice tangible de ce qu'il est gêné et entravé par les exigences du ça et du surmoi. Ainsi, la première partie de l'aide que nous apportons est notre propre travail intellectuel et une invitation faite au patient à collaborer à ce travail. Nous savons que cette première activité doit nous frayer la voie menant à une autre tâche, plus difficile. Nous ne perdrons pas de vue non plus l'élément dynamique de celle-ci au moment d'engager le traitement. Le matériau pour notre travail, nous l'acquérons de diverses sources : ce que nous indiquent ses communications et associations libres, ce qu'il nous montre dans ses transferts, ce que nous empruntons à l'interprétation de ses rêves, ce qu'il trahit par ses *opérations manquées*. Tout ce matériel nous aide à faire des constructions relatives à ce qui s'est passé chez lui et qu'il a oublié, relatives aussi à ce qui se passe maintenant en lui sans qu'il le comprenne. Mais alors nous ne manquons jamais de tenir rigoureusement séparés notre savoir et son savoir. Nous évitons de lui communiquer aussitôt ce que nous avons souvent deviné de très bonne

heure, ou de lui communiquer tout ce que nous croyons avoir deviné. Nous nous demandons, en y réfléchissant soigneusement, quand nous devons, à propos de l'une de nos constructions, lui faire partager notre savoir, nous attendons le moment qui nous semble être approprié, ce qui n'est pas toujours une décision facile[a]. En règle générale, nous retardons la communication d'une construction, l'élucidation, jusqu'à ce qu'il s'en soit lui-même approché suffisamment pour qu'il ne lui reste plus qu'un pas à faire, qui est d'ailleurs celui de la synthèse 104
décisive. Si nous procédions autrement et l'accablions de nos interprétations avant qu'il n'y soit préparé, ou bien la communication resterait sans résultat, ou bien elle provoquerait une violente explosion de *résistance* qui pourrait rendre plus difficile la poursuite du travail, voire la remettre en question. Mais, si nous avons correctement tout préparé, nous obtenons souvent que le patient confirme immédiatement notre construction et se souvienne lui-même de l'épisode interne ou externe oublié. Plus la construction coïncide exactement avec les détails de ce qui a été oublié, plus son assentiment sera facile. Notre savoir sur ce point est alors devenu aussi son savoir.

En mentionnant la résistance, nous arrivons à la seconde partie, la plus importante, de notre tâche. Nous avons déjà vu que le moi se protège contre l'intrusion d'éléments non souhaités, venus du ça inconscient et refoulé, par des contre-investissements dont l'intégrité est la condition de son fonctionnement normal. Plus le moi se sent soumis à une instante pression, plus il se cramponne, comme pris d'angoisse, à ces contre-investissements, pour protéger ce qui reste de lui contre de nouvelles irruptions. Mais cette tendance défensive ne s'accorde absolument plus aux visées de notre traitement. Nous voulons au contraire que le moi, enhardi par la certitude de notre aide, ose attaquer pour reconquérir ce qui a été perdu. C'est alors qu'il nous est donné d'éprouver la force de ces contre-investissements en tant que *résistances* contre notre travail. Le moi recule d'effroi devant de telles entreprises qui paraissent dangereuses et menacent de déplaisir ; il doit être constamment encouragé et tranquillisé pour ne pas nous opposer un refus. Cette résistance qui persiste tout au long du traitement et se renouvelle

a. Cf. « Constructions dans l'analyse », *OCF.P*, XX, p. 65.

à chaque nouvelle partie du travail, nous l'appelons, d'une façon qui n'est pas totalement correcte, *résistance de refoulement.* Nous verrons que ce n'est pas la seule qui nous attende. Ce qui est intéressant, c'est que dans cette situation la formation d'alliances s'inverse dans une certaine mesure, car le moi se rebelle contre notre incitation, mais l'inconscient, qui d'ordinaire est notre adversaire, nous apporte son aide, car il a par
105 nature une « pulsion vers le haut », il ne demande rien tant que pénétrer, au-delà des frontières qui lui sont fixées, dans le moi et jusqu'à la conscience. Le combat qui se déroule lorsque nous atteignons notre visée et pouvons amener le moi à surmonter ses résistances s'effectue sous notre direction et avec l'aide que nous apportons. Peu importe l'issue qu'il trouve, soit qu'il conduise à ce que le moi après un nouvel examen accepte une revendication pulsionnelle jusque-là repoussée, soit qu'il la rejette de nouveau, cette fois de façon définitive. Dans les deux cas, un danger durable a été éliminé, l'étendue du moi a été élargie et une dépense coûteuse rendue superflue.

Le surmontement des résistances est la partie de notre travail qui réclame le plus de temps et la plus grande peine. Mais elle aussi est payée de retour, car elle amène une modification du moi avantageuse qui se conservera indépendamment du résultat du transfert et se vérifiera dans la vie. Dans le même temps, nous avons travaillé aussi à éliminer cette modification du moi qui s'était établie sous l'influence de l'inconscient, car, toutes les fois où nous avons pu mettre en évidence dans le moi de tels rejetons de l'inconscient, nous avons mis au jour leur provenance illégitime et incité le moi à les rejeter. Nous nous souvenons que l'une des conditions préalables de l'aide que nous apportons par contrat était qu'une telle modification du moi due à l'intrusion d'éléments inconscients n'ait pas excédé une certaine mesure.

Plus notre travail progresse, plus notre intelligence de la vie d'âme du névrosé s'approfondit, plus s'impose nettement à nous la connaissance de deux nouveaux facteurs qui exigent la plus grande attention en tant que sources de la résistance. Tous deux sont totalement inconnus du malade, tous deux n'ont pu être pris en compte au moment de conclure notre contrat ; ils n'émanent d'ailleurs pas du moi du patient. Nous pouvons les rassembler sous la dénomination commune de : besoin de maladie ou de souffrance, mais ils ont une provenance distincte, bien qu'ils soient par ailleurs apparentés dans leur nature. Le premier de ces

deux facteurs est le sentiment de culpabilité ou conscience de culpabilité, ainsi qu'on le dénomme, en passant outre au fait que le malade ne l'éprouve pas et ne le reconnaît pas. Il est de toute évidence la contribution à la résistance qu'oppose un surmoi devenu particulièrement dur 106
et cruel. L'individu ne doit pas recouvrer la santé, il doit rester malade, car il ne mérite rien de meilleur. Cette résistance ne perturbe pas à proprement parler notre travail intellectuel, mais elle le rend inefficace, elle permet même souvent que nous supprimions une forme de souffrance névrotique, mais elle est aussitôt prête à la remplacer par une autre affection, éventuellement somatique. Cette conscience de culpabilité explique aussi ce qu'on observe à l'occasion : la guérison ou l'amélioration de névroses graves consécutive à des malheurs réels ; la seule chose qui compte en effet, c'est qu'on soit misérable, peu importe de quelle manière. La soumission avec laquelle ces personnes acceptent souvent sans se plaindre leur lourd destin est très curieuse, mais aussi révélatrice. Pour opposer une défense à cette résistance, il nous faut nous borner à la rendre consciente et essayer de lentement déconstruire le surmoi hostile.

Il est moins facile de démontrer l'existence d'une autre résistance contre laquelle nous menons un combat où nous nous trouvons particulièrement démunis. Il existe parmi les névrosés des personnes chez qui, à en juger par toutes leurs réactions, la pulsion d'autoconservation a bel et bien connu un renversement. Elles ne semblent viser rien d'autre qu'à se porter dommage à elles-mêmes et à s'autodétruire. Peut-être les personnes qui finissent par se suicider réellement appartiennent-elles aussi à ce groupe. Nous supposons qu'ont eu lieu chez elles de grandes démixtions pulsionnelles qui ont eu pour conséquence que des quantités excessives de la pulsion de destruction tournée vers l'intérieur ont été libérées. Ces patients ne peuvent supporter l'idée d'un rétablissement dû à notre traitement, ils s'y opposent par tous les moyens. Mais nous concédons que c'est là un cas que nous n'avons pas encore réussi à élucider complètement.

Jetons maintenant une fois encore un coup d'œil sur la situation où nous sommes arrivés dans notre tentative pour venir en aide au moi névrotique. Ce moi ne peut plus remplir la tâche que lui impose le monde extérieur, y compris la société humaine. Il n'a pas à sa disposition toutes les expériences qu'il a faites, une grande partie de son trésor de souvenirs lui a échappé. Son activité est inhibée par les 107

sévères interdits du surmoi, son énergie se consume dans de vaines tentatives pour opposer une défense aux revendications du ça. En outre, par suite des incessantes irruptions du ça, il se trouve endommagé dans son organisation, clivé ; ne produisant plus de synthèse convenable, il est déchiré par des tendances s'opposant les unes aux autres, par des conflits non liquidés et des doutes non résolus. Nous faisons tout d'abord participer ce moi affaibli du patient au travail d'interprétation purement intellectuel, visant à combler provisoirement les lacunes dans son fonds animique, nous nous faisons transférer l'autorité de son surmoi, nous l'incitons vivement à assumer le combat contre chaque revendication du ça et à vaincre les résistances qui en résultent. En même temps, nous remettons de l'ordre dans son moi en suivant à la trace les contenus et les tendances qui ont fait intrusion depuis l'inconscient et les exposons à la critique en les ramenant à leur origine. Nous nous mettons au service du patient en assurant diverses fonctions, en tant qu'autorité et substitut des parents, en tant que maître et éducateur ; nous avons fait ce qu'il y a de mieux pour lui si, en tant qu'analyste, nous élevons à un niveau normal les processus psychiques dans son moi, transformons en préconscient ce qui était devenu inconscient et ce qui a été refoulé et le rendons ainsi en propre au moi. Du côté du patient, quelques facteurs rationnels agissent en notre faveur : le besoin de guérison motivé par sa souffrance, et l'intérêt intellectuel que nous avons pu éveiller chez lui pour les doctrines et révélations de la psychanalyse, mais, avec plus de force encore, le transfert positif avec lequel il se présente à nous. De l'autre côté luttent contre nous : le transfert négatif, la résistance de refoulement du moi, c.-à-d. son déplaisir à s'exposer au lourd travail qui lui est assigné, le sentiment de culpabilité issu du rapport au surmoi et le besoin de maladie issu des profondes modifications de son économie pulsionnelle. C'est selon la part prise par ces deux derniers facteurs que nous qualifierons son cas de léger ou de grave. Indépendamment de ces deux facteurs, on peut encore reconnaître quelques autres facteurs qui entrent en ligne de compte de
108 façon favorable ou défavorable. Une certaine inertie psychique[a], une difficile mobilité de la libido qui ne veut pas abandonner ses fixations,

a. Cf. « L'analyse finie et l'analyse infinie », *OCF.P*, XX, p. 43.

ne saurait être la bienvenue pour nous ; l'aptitude de la personne à la sublimation pulsionnelle joue un grand rôle, ainsi que son aptitude à s'élever au-dessus de la vie pulsionnelle grossière, tout comme la puissance relative de ses fonctions intellectuelles.

Nous ne sommes pas déçus – nous trouvons au contraire parfaitement compréhensible – d'arriver à la conclusion que l'issue finale du combat que nous avons engagé dépend de relations quantitatives, du montant d'énergie que nous pouvons mobiliser chez le patient en notre faveur, comparé à la somme des énergies propres aux puissances qui agissent contre nous. Ici, une fois de plus, Dieu est avec les bataillons les plus forts – assurément, nous n'arrivons pas toujours à vaincre, mais du moins pouvons-nous reconnaître la plupart du temps pourquoi nous n'avons pas vaincu. Celui qui n'a suivi nos développements que par intérêt thérapeutique se détournera peut-être de nous avec dédain après cet aveu. Mais la thérapie ne nous occupe ici que pour autant qu'elle travaille avec des moyens psychologiques ; nous n'en avons pas d'autres pour l'heure. L'avenir nous apprendra peut-être à influencer directement, au moyen de substances chimiques particulières, les quantités d'énergie et leurs répartitions dans l'appareil animique. Peut-être d'autres possibilités insoupçonnées de la thérapie se dégageront-elles encore ; pour le moment, nous n'avons rien de mieux à notre disposition que la technique psychanalytique, et c'est pourquoi on ne devrait pas la mépriser, en dépit de ses limitations.

Chapitre 7

UN ÉCHANTILLON DE TRAVAIL PSYCHANALYTIQUE

Nous nous sommes dotés d'une connaissance générale de l'appareil 109
psychique : les parties, organes, instances dont il se compose, les forces qui agissent en lui, les fonctions confiées à ses différentes parties. Les névroses et les psychoses sont les états dans lesquels les troubles fonctionnels de l'appareil se dotent d'une expression. Nous avons choisi les névroses pour être nos objets d'étude, parce qu'elles sont les seules à sembler accessibles aux méthodes psychologiques de nos interventions. Pendant que nous nous efforçons d'exercer sur elles une influence, nous rassemblons les observations qui nous donnent un tableau de leur provenance et de leur mode d'apparition.

Nous allons mettre au début de notre présentation l'un de nos principaux résultats. Les névroses n'ont pas, comme par ex. les maladies infectieuses, de causes pathogènes spécifiques. Il serait vain d'y rechercher des agents pathogènes. Elles sont liées à ce qu'on appelle la norme par des transitions insensibles, et d'autre part il n'existe guère d'état reconnu comme normal dans lequel des indices de traits névrotiques ne seraient pas décelables. Les névrosés apportent avec eux à peu près les mêmes dispositions que les autres hommes, ils vivent les mêmes choses, ils n'ont pas à venir à bout d'autres tâches. Pourquoi donc ont-ils une vie tellement plus pénible et plus difficile et souffrent-ils par là même de connaître davantage les sensations de déplaisir, l'angoisse et les douleurs ?

Nous n'avons pas à rester en dette d'une réponse à cette question. Ce sont des *dysharmonies* quantitatives qui doivent être rendues 110
responsables des insuffisances et des souffrances des névrosés. La causation de toutes les formes prises par la vie d'âme humaine est, bien sûr, à chercher dans l'action réciproque des dispositions apportées avec soi et des expériences vécues accidentelles. Ainsi, il est possible qu'une pulsion déterminée soit trop fortement ou trop faiblement établie,

qu'une aptitude déterminée soit atrophiée ou insuffisamment développée dans la vie, d'autre part les impressions extérieures et les expériences vécues peuvent poser à chacun des individus des exigences diversement fortes, et ce que la constitution de l'un arrive encore à maîtriser peut être une tâche beaucoup trop difficile pour l'autre. Ces différences quantitatives conditionneront la diversité des issues.

Mais nous allons très bientôt nous dire que cette explication n'est pas satisfaisante. Elle est trop générale, elle explique trop. L'étiologie indiquée vaut pour tous les cas de souffrance animique, de misère, de paralysie, mais tous les états de ce genre ne peuvent pas être qualifiés de névrotiques. Les névroses ont des caractères spécifiques, elles sont une misère d'une nature particulière. Ainsi donc il nous faudra quand même attendre de leur trouver des causes spécifiques, ou bien alors nous pouvons nous représenter que, parmi les tâches que la vie d'âme doit maîtriser, il y en a quelques-unes devant lesquelles elle échoue avec une facilité particulière, de sorte que la particularité des phénomènes névrotiques, souvent si curieux, pourrait en découler sans que nous ayons besoin de revenir sur nos précédentes affirmations. S'il reste exact que les névroses ne s'éloignent en rien d'essentiel de la norme, leur étude nous promet de livrer de précieuses contributions à la connaissance de cette norme. Nous découvririons peut-être alors les « points faibles » d'une organisation normale.

La supposition que nous venons de faire se confirme. Les expériences analytiques nous enseignent qu'il existe véritablement une revendication pulsionnelle dont la maîtrise échoue au premier chef ou ne réussit qu'imparfaitement, et une époque de la vie qui entre en ligne de compte de façon exclusive ou prépondérante pour qu'apparaisse une névrose. Les deux facteurs, la nature pulsionnelle et l'époque de la vie, demandent un examen séparé, bien qu'ils aient suffisamment à faire l'un avec l'autre.

111 Concernant le rôle de l'époque de la vie, nous pouvons nous exprimer avec plus ou moins de certitude. Il semble que les névroses soient seulement acquises dans la première enfance (avant la sixième année), quoique leurs symptômes ne se fassent jour que beaucoup plus tard. Il se peut que la névrose d'enfance devienne manifeste pendant un temps assez court ou passe même inaperçue. L'entrée ultérieure dans la maladie névrotique se rattache dans tous les cas au prologue dans l'enfance.

Peut-être la névrose que l'on appelle traumatique (à la suite d'un effroi d'une force extrême, de graves ébranlements somatiques tels qu'une collision ferroviaire, un ensevelissement, etc.) fait-elle ici exception ; ses relations à la condition infantile se sont jusqu'ici soustraites à l'investigation. Il est facile de justifier la préférence étiologique de la première période de l'enfance. Les névroses sont, comme nous le savons, des affections du moi, et il ne faut pas s'étonner que le moi, tant qu'il est faible, inachevé et incapable de résistance, échoue à maîtriser des tâches dont il pourrait plus tard venir à bout en se jouant. (Les revendications pulsionnelles venant de l'intérieur, tout comme les excitations du monde extérieur, agissent alors en tant que « traumas », particulièrement si certaines dispositions viennent au-devant d'elles. Le moi en désaide s'en défend par des tentatives de fuite *(refoulements)*, qui s'avéreront plus tard inappropriées et constitueront des restrictions durables pour la suite du développement. Les dommages que le moi subit du fait de ses premières expériences vécues nous apparaissent d'une grandeur disproportionnée, mais on n'a qu'à penser, par analogie, comme dans les expériences de *Roux*[a], à la différence de l'effet produit par une aiguille quand on pique dans un amas de cellules en voie de division plutôt que dans l'animal achevé qui s'est développé plus tard à partir d'elles. De telles expériences vécues traumatiques ne sont épargnées à aucun individu humain, aucun n'est exempté des refoulements qu'elles ont suscités. Ces réactions problématiques du moi sont peut-être indispensables pour atteindre un autre but, qui est assigné à la même époque de la vie. Le petit primitif doit être devenu en peu d'années un enfant des hommes civilisé[b] ; il doit avoir parcouru, en un raccourci presque inquiétant, une partie formidablement longue du développement de la culture humaine. Cela est rendu possible par une disposition héréditaire, mais ne peut presque jamais se passer du concours de l'éduca- 112
tion, de l'influence parentale qui, en tant que précurseur du surmoi, restreint l'activité du moi par des interdictions et des punitions et favorise la mise en œuvre des refoulements ou l'obtient par contrainte. En plus de cela, on ne doit pas oublier d'inclure aussi l'influence de la

a. Wilhelm Roux (1850-1924), biologiste allemand, un des fondateurs de l'embryologie expérimentale.

b. *ein zivilisiertes Menschenkind.*

culture parmi les conditions de la névrose. À notre connaissance, il est facile pour le barbare d'être bien-portant, pour l'homme de la culture c'est une tâche difficile. Nous pouvons bien trouver compréhensible la désirance pour un moi fort, non inhibé ; celle-ci, comme nous l'enseigne l'époque présente, est au sens le plus profond l'ennemie de la culture. Et comme les exigences de la culture sont représentées par l'éducation dans la famille, n'oublions pas non plus, dans l'étiologie des névroses, cette caractéristique biologique de l'espèce humaine, celle de la période prolongée de la dépendance enfantine.

Pour ce qui a trait à l'autre point, le facteur pulsionnel spécifique, nous découvrons là une intéressante dissonance entre théorie et expérience. Théoriquement, il n'y a pas d'objection à faire l'hypothèse que chaque revendication pulsionnelle, quelle qu'elle soit, pourrait occasionner les mêmes refoulements avec leurs conséquences, mais notre observation nous montre régulièrement, pour autant que nous puissions en juger, que les excitations auxquelles est dévolu ce rôle pathogène proviennent des pulsions partielles de la vie sexuelle. On aimerait dire que les symptômes des névroses sont immanquablement ou bien une satisfaction substitutive de telle ou telle tendance sexuelle ou bien des mesures pour faire obstacle à cette satisfaction ; ils sont en règle générale des compromis entre les deux, ainsi qu'il s'en produit entre des opposés, selon les lois en vigueur pour l'inconscient. Il n'est pour l'instant pas possible de combler la lacune qui subsiste dans notre théorie ; notre décision est rendue plus difficile du fait que la plupart des tendances de la vie sexuelle ne sont pas d'une nature purement érotique, mais procèdent plutôt d'alliages de pulsions érotiques avec des éléments de la pulsion de destruction. Mais il ne peut faire aucun doute que les pulsions, qui se manifestent physiologiquement en tant que sexualité, jouent un rôle éminent et d'une grandeur inattendue dans la causation des névroses. Ce rôle est-il exclusif ? La question reste en suspens. Il faut également considérer qu'au cours du développement culturel aucune
113 autre fonction n'a été repoussée de façon aussi énergique et aussi large que justement la fonction sexuelle. La théorie devra se contenter de quelques indications qui révèlent une corrélation plus profonde, à savoir que la première période de l'enfance, pendant laquelle le moi commence à se différencier du ça, est l'époque de la floraison sexuelle précoce à laquelle la période de latence met fin, que ce n'est guère un

hasard si cette préhistoire significative succombe plus tard à l'amnésie infantile, et enfin que des modifications biologiques dans la vie sexuelle, comme l'est justement l'instauration en-deux-temps de la fonction, la perte du caractère de périodicité dans l'excitabilité sexuelle et le changement dans le rapport entre la menstruation féminine et l'excitation masculine, que toutes ces innovations dans la sexualité ont dû être très significatives pour le développement menant de l'animal à l'être humain. Il restera à la science future à rassembler les données à présent encore isolées pour arriver à une nouvelle intelligence des choses. Ce n'est pas la psychologie, mais plutôt la biologie qui montre ici une lacune. Nous n'avons peut-être pas tort lorsque nous disons que le point faible dans l'organisation du moi se trouverait dans la façon dont il se comporte envers la fonction sexuelle, comme si l'opposition biologique entre autoconservation et conservation de l'espèce s'était créé là une expression psychologique.

Si l'expérience analytique nous a convaincus de l'exactitude absolue de l'affirmation souvent entendue que l'enfant est psychologiquement le père de l'adulte et que les expériences vécues de ses premières années ont une significativité inégalée pour toute sa vie ultérieure, il sera pour nous d'un intérêt particulier qu'il existe quelque chose que l'on puisse désigner comme l'expérience vécue centrale de cette période de l'enfance. Tout d'abord notre attention est attirée par les effets de certaines influences qui ne concernent pas tous les enfants, bien qu'elles se produisent assez souvent, ainsi l'abus sexuel commis par des adultes sur des enfants, leur séduction par d'autres enfants un peu plus âgés (frères et sœurs) et, ce qui est plutôt inattendu, le saisissement qu'ils éprouvent en participant en tant que témoins auditifs et oculaires à des épisodes sexuels entre adultes (les parents), la plupart du temps à une époque où on ne leur prête ni intérêt ni compréhension pour cette sorte d'impressions, ni l'aptitude à s'en souvenir plus tard. Il est facile d'établir dans 114
quelle mesure la réceptivité sexuelle de l'enfant est éveillée par de telles expériences vécues et la propre tendance sexuelle de celui-ci poussée dans certaines voies qu'elle ne pourra pas abandonner de nouveau. Comme ces impressions succombent au refoulement, soit aussitôt, soit dès qu'elles veulent faire retour en tant que souvenirs, elles créent la condition de la contrainte névrotique qui empêchera plus tard le moi de dominer la fonction sexuelle et l'amènera vraisemblablement à s'en

détourner de façon permanente. Cette dernière réaction aura pour conséquence une névrose ; si elle n'a pas lieu, il peut se développer de multiples perversions, ou il peut y avoir une insubordination totale de cette fonction, d'une immense importance non seulement pour la reproduction mais aussi pour la configuration de la vie dans son ensemble.

Si instructifs que puissent être de tels cas, ce qui mérite à un plus haut degré notre intérêt, c'est l'influence d'une situation que tout enfant est destiné à traverser et qui découle nécessairement de ce facteur que constituent la durée prolongée des soins donnés aux enfants et la vie en commun avec les parents. Je veux parler du *complexe d'Œdipe*, ainsi nommé parce que son contenu essentiel fait retour dans la légende grecque du roi *Œdipe*, légende dont la présentation nous a heureusement été conservée par un grand dramaturge[a]. Le héros grec tue son père et prend sa mère pour femme. Qu'il le fasse sans le savoir, car il ignore que ces deux personnes sont ses parents, c'est là une divergence par rapport au fait analytique que nous comprenons facilement et reconnaissons même comme nécessaire.

Il nous faut ici décrire séparément le développement du garçon et de la fille – de l'homme et de la femme –, car c'est maintenant que la différence des sexes acquiert sa première expression psychologique. C'est avec le caractère d'une grande énigme que se dresse devant nous le fait biologique qu'est l'existence de deux sexes, point ultime pour notre connaissance, nous mettant au défi de le ramener à autre chose. La psychanalyse n'a en rien contribué à éclaircir ce problème, il relève à l'évidence tout entier de la biologie. Nous ne trouvons dans la vie d'âme que des reflets de cette grande opposition dont l'interpréta-
115 tion est rendue difficile par le fait soupçonné depuis longtemps qu'aucun individu ne se limite aux modes de réaction d'un seul sexe, mais fait toujours une certaine place à ceux du sexe opposé, justement là où son corps, à côté des organes complètement formés d'un sexe, porte aussi des rudiments atrophiés, souvent devenus inutiles, de l'autre sexe. Ce qui nous sert à différencier dans la vie d'âme le masculin du féminin, c'est une équation empirique et conventionnelle manifestement insuffisante. Nous qualifions tout ce qui est fort et actif de masculin, tout

a. Sophocle.

ce qui est faible et passif de féminin. C'est aussi le fait de la bisexualité psychologique qui obère toutes nos enquêtes et rend difficile leur description.

Le premier objet érotique de l'enfant est le sein maternel nourricier ; l'amour naît en s'étayant sur la satisfaction du besoin de nourriture. Très certainement, au début, le sein n'est pas différencié du corps propre ; quand il doit être séparé du corps, reporté vers l'*« extérieur »*, parce que si souvent il manque à l'enfant, il emporte avec lui, en tant qu'*« objet »*, une partie de l'investissement libidinal narcissique originel. Ce premier objet se complète plus tard pour devenir la personne de la mère, qui ne fait pas que nourrir, mais qui soigne également et suscite aussi bon nombre d'autres sensations corporelles chez l'enfant, empreintes de plaisir ou non. Avec les soins corporels, elle devient la première séductrice de l'enfant. C'est dans ces deux relations que s'enracine la signification unique, incomparable, fixée pour toute la vie de façon inaltérable, de la mère comme objet d'amour, le premier et le plus fort, comme prototype de toutes les relations d'amour ultérieures – dans les deux sexes. Ici le fondement phylogénétique prend à ce point le dessus sur l'expérience de vie personnelle, accidentelle, qu'il est indifférent que l'enfant ait effectivement tété le sein ou ait été nourri au biberon et n'ait jamais pu jouir de la tendresse des soins maternels. Son développement suit dans les deux cas les mêmes voies, peut-être la désirance ultérieure n'en deviendra-t-elle que plus grande dans ce dernier cas. Et aussi longtemps que l'enfant a été nourri au sein maternel, il emportera avec lui, après le sevrage, cette conviction que cela a été trop bref et trop peu.

Cette introduction n'est pas superflue, elle peut affiner notre com- 116
préhension de l'intensité du complexe d'Œdipe. Quand le garçon (à partir de 2 ou 3 ans) est entré dans la phase phallique de son développement libidinal, qu'il reçoit de son membre sexué des sensations empreintes de plaisir et qu'il a appris à s'en procurer à son gré par une stimulation manuelle, il devient l'amant de la mère. Il souhaite la posséder corporellement dans les formes qu'il a devinées par ses observations de la vie sexuelle et par les intuitions qu'il en a, il cherche à la séduire en lui montrant son membre masculin qu'il est fier de posséder. Sa masculinité éveillée précocement cherche, en un mot, à remplacer auprès d'elle le père, qui de toute façon avait été jusque-là son modèle

envié, en raison de la force corporelle qu'il perçoit en lui et de l'autorité dont il le trouve revêtu. Son père est maintenant le rival qui se trouve sur son chemin et dont il aimerait se débarrasser. Quand il avait eu le droit de partager le lit de sa mère pendant une absence du père et qu'il en avait été de nouveau banni après le retour du père, la satisfaction lorsque celui-ci disparaît et la déception lorsqu'il ressurgit constituent pour lui des expériences vécues profondes. Tel est le contenu du complexe d'Œdipe que la légende grecque a traduit du monde de fantaisie de l'enfant dans la prétendue réalité. Dans nos conditions culturelles, une fin effroyable lui est régulièrement réservée.

La mère a très bien compris que l'excitation sexuelle du garçon s'adresse à sa propre personne. Elle s'avise un jour ou l'autre qu'il n'est pas juste de laisser libre cours à cette excitation. Elle croit bien faire en lui interdisant de s'occuper manuellement de son membre. L'interdiction ne sert presque à rien, elle apporte tout au plus une modification dans le mode d'autosatisfaction. Pour finir, la mère recourt au moyen le plus extrême, elle menace de lui enlever la chose avec laquelle il la défie. Habituellement elle charge le père d'exécuter la menace, pour la rendre plus effroyable et plus crédible. Elle va le dire au père et il va couper le membre. Curieusement, cette menace n'a d'effet que si une
117 autre condition est remplie avant et après. Pour le garçon, il semble en soi tout à fait irreprésentable qu'il puisse se produire quelque chose de cet ordre. Mais si, lors de cette menace, il peut se souvenir avoir aperçu un organe génital féminin ou si, peu après, il lui a été donné d'en apercevoir un auquel il manque réellement ce morceau estimé par-dessus tout, alors il croit au sérieux de ce qu'il a entendu et, se trouvant soumis à l'influence du *complexe de castration*, il fait l'expérience du trauma le plus fort de sa jeune vie [1].

1. La castration n'est d'ailleurs pas absente de la légende d'Œdipe, car l'aveuglement par lequel Œdipe se punit après avoir découvert son crime est, d'après le témoignage des rêves, un substitut symbolique de la castration. On ne peut exclure qu'une trace mnésique phylogénétique soit également responsable de l'extraordinaire effroi provoqué par la menace, une trace mnésique venant des premiers âges de la famille préhistorique où le père jaloux dépouillait effectivement le fils de son organe génital lorsque celui-ci était pour lui un rival importun auprès de la femme. La coutume immémoriale de la circoncision, autre substitut symbolique de la castration, ne peut se comprendre que comme l'expression de la soumission à la volonté du père. (Voir les rites de puberté des primitifs.) Quelle forme le déroulement des choses décrit ci-dessus prend-il chez les peuples et dans les cultures qui ne répriment pas la masturbation enfantine ? Cela n'a pas encore été examiné.

Les effets de la menace de castration sont multiples et incommensurables, tous concernent les relations du garçon avec son père et sa mère, plus tard avec l'homme et la femme en général. La plupart du temps, la masculinité de l'enfant ne résiste pas à ce premier ébranlement. Pour sauver son membre sexué, il renonce plus ou moins complètement à la possession de la mère, très souvent sa vie sexuée reste pour toujours obérée par cet interdit. Si une forte composante féminine, comme nous nous exprimons, est présente chez lui, elle gagne en force du fait de l'intimidation de sa masculinité. Il en arrive à une position passive envers le père, comme celle qu'il attribue à la mère. À la suite de la menace, il a certes abandonné la masturbation, mais non l'activité de fantaisie qui l'accompagnait. Bien plutôt, cette dernière sera plus cultivée qu'auparavant, étant donné qu'elle est la seule forme de satisfaction sexuelle qui lui est restée, et dans cette sorte de fantaisies il s'identifiera certes toujours au père, mais aussi, dans le même temps et peut-être de façon prépondérante, à la mère. Les rejetons et les produits de transformation de ces fantaisies onaniques précoces se ménagent habituellement l'accès à son moi ultérieur et prendront part à la formation de son caractère. Indépen- 118
damment d'un tel encouragement de sa féminité, l'angoisse devant le père et sa haine pour lui connaîtront un fort accroissement. La masculinité du garçon se retire en quelque sorte dans une position de défi envers le père, laquelle dominera sur le mode de la contrainte son comportement ultérieur dans la communauté humaine. Le reste de la fixation érotique à la mère se retrouve souvent dans une dépendance excessive envers elle, qui se poursuivra plus tard en tant qu'assujettissement à la femme[a]. Il ne se hasarde plus à aimer la mère, mais il ne peut pas risquer de ne pas être aimé d'elle, car il est alors en danger d'être trahi par elle auprès du père et livré à la castration. L'ensemble de l'expérience vécue, avec toutes ses conditions préalables et conséquences, dont notre présentation n'a pu donner qu'une sélection, succombe à un refoulement des plus énergiques, et ainsi que les lois du ça inconscient le permettent, toutes les réactions et motions de sentiment antagonistes qui furent alors activées sont maintenues dans

a. Cf. « L'analyse finie et l'analyse infinie », *OCF.P*, XX, p. 55, n. 1.

l'inconscient et sont prêtes à perturber le développement du moi ultérieur après la puberté. Quand le procès somatique de la maturation sexuelle fera vivre à nouveau les anciennes fixations libidinales apparemment surmontées, la vie sexuelle se révélera inhibée, sans unité, désagrégée en tendances antagonistes.

L'intervention de la menace de castration dans la vie sexuelle en germe chez le garçon n'a assurément pas toujours les conséquences redoutées. Combien de dommages sont causés et combien évités, cela dépendra, une fois encore, de relations quantitatives. L'ensemble de ces faits où l'on peut sans doute voir l'expérience vécue centrale des années d'enfance – le plus grand problème de la période précoce et la source la plus forte des insuffisances ultérieures – est oublié de façon si radicale que sa reconstruction dans le travail analytique rencontre l'incrédulité la plus résolue de l'adulte. On va même si loin pour s'en détourner que l'on veut réduire au silence toute évocation de ce sujet réprouvé et que, dans un singulier aveuglement intellectuel, on méconnaît les rappels les plus évidents à celui-ci. On a ainsi
119 pu entendre cette objection que la légende d'Œdipe n'avait rien à voir en fait avec la construction de l'analyse, que c'était un tout autre cas, car, bien sûr, Œdipe ne savait pas que c'était son père qu'il avait tué et que c'était sa mère qu'il avait épousée. On omet alors seulement de voir qu'une telle déformation est inéluctable lorsqu'on cherche à mettre en forme poétiquement ce matériau et qu'elle n'introduit rien d'étranger mais ne fait qu'utiliser habilement les facteurs donnés dans le thème. L'ignorance d'Œdipe est la présentation légitime de l'inconsciencialité dans laquelle a sombré pour l'adulte toute cette expérience vécue, et la contrainte de l'oracle qui innocente le héros ou devrait l'innocenter est la reconnaissance de l'inéluctabilité du destin qui a condamné tous les fils à passer par le complexe d'Œdipe. Lorsque par ailleurs, du côté psychanalytique, on a fait remarquer à quel point il est facile de résoudre l'énigme d'un autre héros de la littérature, *Hamlet*, l'irrésolu dépeint par *Shakespeare*, en renvoyant au complexe d'Œdipe, car le prince échoue précisément dans sa tâche consistant à punir sur quelqu'un d'autre ce qui coïncide avec le contenu de ses propres souhaits œdipiens, c'est là que l'incompréhension générale du monde littéraire montra à quel point

la masse des êtres humains était prête à tenir fermement à ses refoulements infantiles[1].

Et pourtant, plus d'un siècle avant l'émergence de la psychanalyse, le Français *Diderot*[a] avait témoigné de la significativité du complexe d'Œdipe en exprimant la différence entre les temps originaires et la culture dans cette phrase : « Si le petit sauvage était abandonné à lui-même, qu'il conservât toute son imbécillité, et qu'il réunît au peu de raison de l'enfant au berceau la violence des passions de l'homme de trente ans, il tordrait le cou à son père et coucherait avec sa mère. »[b] J'ose dire que si la psychanalyse ne pouvait tirer gloire d'aucune autre 120 réalisation que de celle de la mise à découvert du complexe d'Œdipe refoulé, cela seul lui permettrait de prétendre à être rangée parmi les acquisitions nouvelles et précieuses de l'humanité.

Les effets du complexe de castration chez la petite fille sont plus uniformes et non moins profonds. L'enfant de sexe féminin n'a pas à redouter, bien sûr, de perdre le pénis, mais elle doit réagir au fait qu'elle ne l'a jamais reçu. Dès le début, elle envie le garçon d'en posséder un, on peut dire que tout son développement s'effectue sous le signe de l'envie de pénis. Elle fait d'abord de vaines tentatives pour égaler le garçon et, plus tard, des efforts plus fructueux pour se dédommager du défaut qui est le sien, efforts qui pourront l'amener finalement à la position féminine normale. Lorsqu'elle essaie, dans la phase phallique, de se procurer du plaisir comme le garçon par une stimulation manuelle de l'organe génital, souvent elle n'obtient pas une satisfaction qui lui suffise et elle étend à toute sa personne son jugement sur l'infériorité de son pénis atrophié. En règle générale, elle abandonne la masturbation, parce qu'elle ne veut pas qu'on lui rappelle la supériorité de son frère ou de son camarade de jeu, et elle se détourne absolument de la sexualité.

1. Le nom de *William Shakespeare* est très probablement un pseudonyme derrière lequel se cache un grand inconnu. Un homme dans lequel on croit reconnaître l'auteur des œuvres shakespeariennes, *Edward de Vere, Earl of Oxford*, avait perdu, enfant, un père aimé et admiré, et s'était complètement détaché de sa mère qui avait contracté un nouveau mariage très peu de temps après la mort de son mari. [Cf. *L'interprétation du rêve*, *OCF.P*, IV, p. 307, n. 1 ; « Prix Goethe 1930 », *OCF.P*, XVIII, p. 353 ; et « Autoprésentation », *OCF.P*, XVII, p. 111, n. 1.]

a. Denis Diderot (1713-1784), *Le Neveu de Rameau*. Cf. *OCF.P*, XIV, p. 349.

b. Phrase en français dans le texte.

Lorsque la petite femme persiste dans son premier souhait de devenir un « gars », elle finira, dans le cas extrême, comme une homosexuelle manifeste, sinon elle exprimera dans sa façon ultérieure de se conduire des traits masculins particulièrement marqués, choisira un métier masculin, etc. L'autre voie passe par le détachement d'avec la mère aimée, à laquelle la fille, sous l'influence de l'envie de pénis, ne peut pas pardonner de l'avoir dépêchée dans le monde si insuffisamment pourvue. Dans la rancœur qu'elle en éprouve, elle abandonne sa mère et la remplace par une autre personne comme objet d'amour : le père. Quand on a perdu un objet d'amour, la réaction la plus évidente est que l'on s'identifie à lui, pour le remplacer en quelque sorte par une identification venant de l'intérieur. Ce mécanisme vient ici en aide à la petite fille. L'identification à la mère peut maintenant relayer la liaison à la mère. La fillette se met à la place de la mère, ainsi qu'elle l'a toujours fait dans ses jeux, elle veut la remplacer auprès du père et elle
121 hait maintenant la mère auparavant aimée avec une double motivation, par jalousie et par vexation à cause du pénis refusé. Son nouveau rapport au père peut d'abord avoir pour contenu le souhait de disposer de son pénis, mais il atteint son point culminant dans un autre souhait, celui de recevoir comme cadeau un enfant de lui. Le souhait d'avoir un enfant a ainsi pris la place du souhait de pénis ou s'en est du moins séparé par clivage.

Il est intéressant de constater que le rapport entre complexe d'Œdipe et complexe de castration a chez la femme une configuration tout autre que chez l'homme, elle lui est même véritablement opposée. Nous avons vu que chez ce dernier la menace de castration met un terme au complexe d'Œdipe, chez la femme nous apprenons que c'est au contraire par l'effet de son manque de pénis qu'elle est poussée dans son complexe d'Œdipe. Pour la femme, cela entraîne un moindre dommage si elle persiste dans sa position œdipienne féminine (on a proposé le nom de « complexe d'Électre » pour cette position[a]). Elle choisira ensuite son mari en fonction des qualités paternelles et sera prête à reconnaître son autorité. Sa désirance, véritablement inassouvissable, de posséder un pénis peut trouver une satisfaction si elle réussit à com-

a. « De la sexualité féminine », *OCF.P*, XIX, p. 13, où Freud récuse ce terme employé par Jung.

pléter l'amour pour l'organe en en faisant l'amour pour celui qui en est le porteur, comme cela se passa en son temps dans le progrès menant du sein maternel à la personne maternelle.

Si l'on interroge l'expérience de l'analyste pour savoir quelles sont les formations psychiques de ses patients qui se sont avérées les moins accessibles à son influence, la réponse sera : chez la femme, le plus souvent le souhait de pénis ; chez l'homme, la position féminine envers son propre sexe, qui a bien sûr pour présupposé la perte de pénis[a].

a. Cf. « L'analyse finie et l'analyse infinie », *OCF.P*, XX, p. 52-55.

TROISIÈME PARTIE

LE GAIN THÉORIQUE

Chapitre 8

L'APPAREIL PSYCHIQUE ET LE MONDE EXTÉRIEUR

Toutes les idées et présuppositions générales que nous avons proposées dans notre premier chapitre ont été aussi, bien sûr, le gain du travail de détail astreignant et patient dont nous avons donné un exemple dans la précédente section. Nous pouvons maintenant être tentés de jeter un coup d'œil sur l'enrichissement de notre savoir acquis par un tel travail et sur les voies ouvertes par nous pour de nouveaux progrès. Ce qui peut nous frapper alors, c'est que nous avons été très souvent obligés de nous aventurer au-delà des frontières de la science psychologique. Les phénomènes sur lesquels nous avons travaillé ne relèvent pas seulement de la psychologie, ils ont un aspect organique et biologique, et nous avons fait aussi, par conséquent, des découvertes biologiques significatives dans nos efforts pour édifier la psychanalyse et ne pouvons éviter de nouvelles hypothèses biologiques. 125

Mais restons-en tout d'abord à la psychologie. Nous avons reconnu qu'il est scientifiquement irréalisable de tracer une ligne de partage entre la norme psychique et l'anormalité, si bien qu'à cette différenciation ne revient, malgré son importance pratique, qu'une valeur conventionnelle. Nous avons ainsi justifié notre droit à comprendre la vie d'âme normale à partir de ses troubles, ce qui ne serait pas autorisé si ces états morbides, névroses et psychoses, avaient des causes spécifiques, 126
agissant à la manière de corps étrangers.

L'étude d'un trouble d'âme survenant durant le sommeil – trouble fugitif, inoffensif et servant même une fonction utile – nous a livré la clé pour comprendre les affections d'âme permanentes et dommageables pour la vie. Et nous osons maintenant cette affirmation : la psychologie de la conscience n'était pas plus capable de comprendre la fonction animique normale que le rêve. Les données de l'autoperception consciente, qui seules étaient à sa disposition, se sont révélées partout insuffisantes pour percer à jour la profusion et l'enchevêtrement des processus animiques, mettre à découvert leurs corrélations et reconnaître ainsi les conditions de leurs troubles.

Notre hypothèse d'un appareil psychique spatialement étendu, composé en vue d'une fin, développé par les besoins de la vie, et qui ne donne naissance aux phénomènes de la conscience qu'en un point déterminé, dans certaines conditions, cette hypothèse nous a mis en situation d'édifier la psychologie sur des fondations semblables à celles de n'importe quelle autre science de la nature, par ex. la physique. Ici comme là, la tâche consiste à mettre à découvert, derrière les propriétés (qualités) de l'objet de recherche directement données par notre perception, quelque chose d'autre, dépendant moins de la réceptivité particulière de nos organes sensoriels et se rapprochant davantage de ce qu'on présume être l'état des choses réel. Ce dernier lui-même, nous n'espérons pas pouvoir l'atteindre, car nous voyons bien que tout ce que nous avons inféré de nouveau, il nous faut pourtant le retraduire dans la langue de nos perceptions dont nous ne pouvons désormais plus nous libérer. Mais tels sont justement la nature et le caractère limité de notre science. C'est comme si nous disions, en physique : si nous pouvions avoir une vue assez perçante, nous trouverions que le corps en apparence solide consiste en particules de telle forme, de telle grandeur, et se situant les unes par rapport aux autres de telle ou telle façon. Pour l'instant, nous tentons d'accroître au maximum la capacité de réalisation de nos organes sensoriels par des moyens artificiels, mais on doit
127 s'attendre à ce que tous ces efforts ne modifient en rien le résultat final. Le réel restera toujours « inconnaissable ». Le gain que met au jour le travail scientifique partant de nos perceptions sensorielles primaires consistera à pénétrer dans les corrélations et relations de dépendance existant dans le monde extérieur, pouvant, d'une manière plus ou moins fiable, être reproduites ou reflétées dans le monde intérieur de notre pensée, et dont la connaissance nous rend aptes à « comprendre » quelque chose dans le monde extérieur, à le prévoir et éventuellement à le modifier. C'est d'une manière tout à fait semblable que nous procédons en psychanalyse. Nous avons trouvé les moyens techniques de combler les lacunes de nos phénomènes de conscience, moyens dont nous nous servons donc comme les physiciens se servent de l'expérimentation. Nous inférons de la sorte un certain nombre de processus qui sont en soi « inconnaissables », les intercalons parmi ceux

qui nous sont conscients, et si nous disons, par ex., qu'ici est intervenu un souvenir inconscient, cela veut dire précisément : il s'est produit ici quelque chose de totalement insaisissable mais qui, s'il était parvenu à notre conscience, ne pourrait être décrit que de telle ou telle façon.

De quel droit et avec quel degré de certitude effectuons-nous dans ce cas de telles inférences et interpolations ? Cela reste naturellement soumis à la critique dans chacun des cas, et il est indéniable que la décision offre souvent de grandes difficultés, qui s'expriment dans le manque d'accord parmi les analystes. Il faut en rendre responsable la nouveauté de la tâche, donc le manque d'apprentissage, mais aussi un facteur particulier inhérent à notre objet, car en psychologie il ne s'agit pas toujours, comme en physique, de choses susceptibles d'éveiller un froid intérêt scientifique. C'est ainsi qu'on ne s'étonnera pas outre mesure si une analyste qui n'a pas été suffisamment convaincue de l'intensité de son propre souhait de pénis n'apprécie pas non plus comme il convient ce facteur chez ses patients. Mais finalement ces sources d'erreur issues de l'équation personnelle ne signifient pas grand-chose. Si on lit de vieux manuels de microscopie, on apprend avec étonnement quelles extraordinaires exigences étaient jadis posées à la 128
personnalité de celui qui observait avec cet instrument, quand c'était encore une jeune technique, alors qu'aujourd'hui il n'est plus question de tout cela.

Nous ne pouvons nous donner pour tâche d'esquisser ici un tableau complet de l'appareil psychique et de ses opérations, et nous nous en trouverions d'ailleurs empêchés par le fait que la psychanalyse n'a pas eu le temps d'étudier dans une même proportion toutes les fonctions. Nous nous contenterons donc de répéter en détail les indications données dans notre chapitre d'introduction. Le noyau de notre être est donc formé par l'obscur *ça*, qui n'a pas de commerce direct avec le monde extérieur et qui n'est d'ailleurs accessible à notre connaissance que par la médiation d'une autre instance. Dans ce ça sont à l'œuvre les *pulsions* organiques, elles-mêmes composées, dans des proportions variables, de mixtions de deux forces originaires (Éros et destruction) et différenciées les unes des autres par leur relation aux organes ou aux systèmes d'organes. L'unique tendance de ces pulsions est celle visant la satisfaction, laquelle est attendue de certaines modifications des organes à l'aide d'objets du monde extérieur. Mais une satisfaction pulsionnelle immédiate et inconsidérée, telle que l'exige le ça, conduirait assez souvent à de dangereux conflits avec le monde extérieur et à la disparition[a]. Le ça ignore le souci d'assurer la survie, il ignore l'angoisse, ou peut-être, pour le dire plus exactement, il peut certes développer les éléments de sensations propres à l'angoisse, mais ne peut les mettre à profit. Les processus qui sont possibles dans le ça au niveau des éléments psychiques supposés et entre ces éléments *(processus primaire)* se différencient largement de ceux qui nous sont connus dans notre vie intellectuelle et notre vie de sentiment par la perception consciente ; ils ne s'appliquent pas non plus aux restrictions critiques de la logique, qui rejette une partie de ces processus comme inadmissibles et veut les annuler.

Le ça, coupé du monde extérieur, a son propre monde de perception. Il ressent avec une acuité extraordinaire certaines modifications à l'intérieur de lui-même, en particulier des oscillations dans la tension née du besoin de ses pulsions, oscillations qui deviennent conscientes en tant que sensations dans la série plaisir-déplaisir. Il est certes difficile
129 d'indiquer par quelles voies et à l'aide de quels organes sensitifs terminaux ces perceptions se produisent. Mais c'est un fait établi que les autoperceptions – les cénesthésies et les sensations de plaisir-déplaisir – dominent avec une violence despotique les cours dans le ça. Le ça obéit à l'inexorable principe de plaisir. Mais pas uniquement le ça. Il semble que même l'activité des autres instances psychiques soit seulement capable de modifier le principe de plaisir, mais non de le supprimer, et cela reste une question théoriquement des plus significatives – qui n'a toujours pas trouvé de réponse aujourd'hui – que de savoir quand et comment en tout état de cause le principe de plaisir réussit à être surmonté. En considérant que le principe de plaisir réclame un abaissement, et peut-être au fond une extinction des tensions nées du besoin *(Nirvâna)*, nous sommes conduits à la question des relations, non encore prises en compte, du principe de plaisir aux deux forces originaires, Éros et pulsion de mort[b].

L'autre instance psychique, que nous croyons connaître le mieux et dans laquelle nous nous reconnaissons nous-mêmes au plus haut point, celle qu'on appelle le *moi*, s'est développée à partir de la couche corti-

a. de l'individu.
b. Cf. *Au-delà du principe de plaisir*, *OCF.P*, XV, p. 329-330.

cale du ça, laquelle se trouve être, du fait de son aménagement en vue de la réception des stimuli et de leur mise à l'écart, en contact direct avec le monde extérieur (la *réalité*). Partant de la perception consciente, il a soumis à son influence des circonscriptions toujours plus grandes et des strates plus profondes du ça, et il montre, dans sa dépendance fermement maintenue vis-à-vis du monde extérieur, le sceau indélébile de sa provenance. (Une sorte de Made in Germany.) Sa fonction psychologique consiste à élever à un niveau dynamique supérieur les cours dans le ça (peut-être à transformer une énergie librement mobile en énergie liée, celle correspondant à l'état préconscient), sa fonction constructive à intercaler entre la revendication pulsionnelle et l'action de satisfaction l'activité de pensée qui, en s'orientant dans le présent et en mettant à profit des expériences antérieures, cherche à deviner au moyen d'actions d'épreuve le résultat des entreprises visées. Le moi en vient de cette manière à décider si la tentative pour arriver à la satisfaction doit être exécutée ou différée, ou bien si la revendication de la pulsion ne doit pas, en somme, être réprimée comme dangereuse *(principe de réalité)*. Tout comme le ça vise exclusivement le gain de plaisir, 130
le moi est dominé par la prise en considération de la sécurité. Le moi s'est donné pour tâche l'autoconservation, tâche que le ça semble négliger. Il se sert des sensations d'angoisse comme d'un signal qui l'avertit des dangers menaçant son intégrité. Étant donné que les traces mnésiques peuvent devenir tout aussi conscientes que les perceptions, particulièrement par leur association avec des restes de langage, il existe ici la possibilité d'une confusion pouvant conduire à la méconnaissance de la réalité. Le moi s'en protège par l'instauration de l'*examen de réalité*, qui peut manquer dans le rêve, compte tenu des conditions de l'état de sommeil. Des dangers menacent le moi, qui veut s'affirmer dans un environnement de violences mécaniques surpuissantes, dangers provenant en premier lieu de la réalité extérieure, mais pas uniquement de là. Le propre ça est une source de dangers semblables, et ce pour deux raisons distinctes. Premièrement, des forces pulsionnelles excessives peuvent endommager le moi, de la même manière que les « stimuli » excessivement forts du monde extérieur. Certes, elles ne peuvent pas l'anéantir, mais sans doute peuvent-elles détruire sa propre organisation dynamique et retransformer le moi en une partie du ça. Deuxièmement, l'expérience peut avoir enseigné au moi que la satisfaction

d'une revendication pulsionnelle non insupportable en soi entraînerait des dangers dans le monde extérieur, si bien que cette sorte de revendication pulsionnelle devient elle-même un danger. Le moi combat donc sur deux fronts : il doit défendre son existence contre un monde extérieur qui menace d'anéantissement et contre un monde intérieur qui pose trop de revendications. Il applique les mêmes méthodes de défense contre les deux, mais la défense contre l'ennemi intérieur est particulièrement insuffisante. Par suite d'une identité originelle et plus tard d'une vie commune des plus intimes, il est difficile d'arriver à échapper aux dangers intérieurs. Ceux-ci persistent comme menaces, même s'ils peuvent être temporairement tenus en sujétion.

Nous avons vu que le moi faible et inachevé de la première période d'enfance est durablement endommagé par les efforts qui lui sont imposés pour se défendre des dangers propres à cette époque de la vie.
131 Contre les dangers dont menace le monde extérieur, l'enfant est protégé par la sollicitude des parents ; le prix qu'il a à payer pour cette sécurité est l'angoisse devant la *perte d'amour*, qui le livrerait dans son désaide aux dangers du monde extérieur. Ce facteur exerce son influence décisive sur l'issue du conflit quand le garçon se retrouve dans la situation du complexe d'Œdipe, dans laquelle la menace de castration qui pèse sur son narcissisme, renforcée depuis les temps originaires, s'empare de lui. Contraint par l'action conjointe des deux influences, le danger réel actuel et celui qui, fondé phylogénétiquement, est remémoré, l'enfant entreprend ses tentatives de défense – refoulements – qui, sur le moment appropriées, s'avèrent pourtant insuffisantes quand la revivification ultérieure de la vie sexuelle renforce les revendications pulsionnelles jadis écartées. Le mode de considération biologique devra alors expliquer que le moi échoue dans sa tâche consistant à maîtriser les excitations de la période sexuelle précoce, alors que son état d'inachèvement ne lui permet pas de le faire. Dans ce retard du développement du moi par rapport au développement de la libido, nous reconnaissons la condition essentielle de la névrose et nous ne pouvons échapper à la conclusion que la névrose pourrait être évitée si on épargnait cette tâche au moi enfantin, donc si on laissait libre cours à la vie sexuelle enfantine, comme cela se passe chez beaucoup de primitifs. Il se peut que l'étiologie des affections névrotiques soit plus compliquée que ce qui a été exposé ici ; du moins avons-nous alors fait ressortir une

partie essentielle du nouage étiologique. N'oublions pas non plus les influences phylogénétiques, qui sont représentées d'une façon ou d'une autre dans le ça, sous des formes qui ne nous sont pas encore saisissables et qui, dans cette période précoce, agiront assurément plus fortement sur le moi que plus tard. D'autre part, nous avons la vague intuition qu'une tentative aussi précoce pour endiguer la pulsion sexuelle, qu'un parti pris aussi résolu du jeune moi en faveur du monde extérieur par opposition au monde intérieur, parti pris intervenu du fait de l'interdiction de la sexualité enfantine, ne peut manquer d'agir sur le futur apprêtement·à·la·culture de l'individu. Les revendications pulsionnelles écartées de la satisfaction directe sont obligées d'emprunter de nouvelles voies conduisant à la satisfaction substitutive et elles peuvent, au 132
cours de ces détours, être désexualisées et relâcher le lien avec leurs buts pulsionnels originels. Ainsi, nous posons d'avance cette affirmation : une grande partie de notre fonds culturel tenu en si haute estime a été acquise au détriment de la sexualité, du fait de la restriction des forces pulsionnelles sexuelles.

Ayant été dans l'obligation d'insister jusqu'ici encore et toujours sur le fait que le moi doit son apparition, ainsi que les plus importants de ses caractères acquis, à la relation avec le monde extérieur réel, nous nous sommes préparés à faire l'hypothèse que les états morbides du moi, dans lesquels il se rapproche de nouveau le plus du ça, sont fondés sur la suppression ou le relâchement de cette relation au monde extérieur. En parfaite concordance avec cela, l'expérience clinique nous enseigne que le motif occasionnant l'éruption d'une psychose est ou bien que la réalité est devenue intolérablement douloureuse ou bien que les pulsions ont connu un extraordinaire renforcement – ce qui, étant donné les revendications rivales du ça et du monde extérieur posées au moi, ne peut qu'aboutir au même effet. Le problème de la psychose serait simple et transparent si le détachement du moi d'avec la réalité pouvait se réaliser sans reste. Mais cela semble ne se produire que rarement, peut-être ne se produire jamais. Même à propos d'états très éloignés de la réalité effective du monde extérieur, comme celui d'une confusion hallucinatoire (amentia[a]), on apprend par ce que communiquent des

a. Cf. Theodor Meynert, *Klinische Vorlesungen über Psychiatrie* (Leçons cliniques de psychiatrie), Wien, Braumüller, 1890.

patients après leur guérison qu'à l'époque, dans un coin de leur âme, ainsi qu'ils s'expriment, une personne normale se tenait cachée qui laissait défiler devant elle, comme un observateur désintéressé, les fantômes morbides. Je ne sais si on doit supposer que tel est généralement le cas, mais je peux rapporter quelque chose de semblable à propos d'autres psychoses ayant un cours moins tempétueux. Je me rappelle un cas de paranoïa chronique[a] dans lequel un rêve, après chaque accès de jalousie, portait à la connaissance de l'analyste la présentation correcte, totalement exempte de délire, de ce qui avait occasionné cet accès. Apparaissait ainsi cette intéressante opposition : alors que d'habitude nous devinons en partant des rêves du névrosé la jalousie étrangère à sa vie de veille, ici, chez le psychotique, c'est le délire dominant dans la journée qui a été rectifié par le rêve. Nous pouvons vraisemblablement
133 supposer comme généralement valable que ce qui se passe dans tous les cas de ce genre est un *clivage* psychique. Deux attitudes psychiques, au lieu d'une seule, se sont formées, l'une qui tient compte de la réalité, l'attitude normale, et une autre qui, sous l'influence pulsionnelle, détache le moi de la réalité. Les deux coexistent. L'issue dépend de leurs forces relatives. Si la seconde est ou devient la plus forte, la condition de la psychose est alors donnée. Si le rapport s'inverse, il se produit une guérison apparente de la maladie délirante. En réalité, celle-ci n'a fait que reculer dans l'inconscient, tout comme il faut d'ailleurs inférer de nombreuses observations que le délire était formé depuis longtemps et se trouvait tout prêt, avant qu'il n'ait opéré sa percée de façon manifeste.

Le point de vue qui postule dans toutes les psychoses un *clivage du moi* ne pourrait prétendre à autant d'attention s'il ne s'avérait pertinent dans d'autres états plus proches des névroses et finalement dans celles-ci elles-mêmes. Je m'en suis tout d'abord convaincu dans des cas de *fétichisme*. Cette anomalie, qu'il est permis de mettre au compte des perversions, se fonde, on le sait, sur le fait que le patient, presque toujours masculin, ne reconnaît pas l'absence de pénis de la femme, cette absence lui étant des moins souhaitables en tant que preuve de la possibilité de sa propre castration. Il dénie pour cette raison sa propre perception sensorielle qui lui a montré que le pénis manque à l'organe

a. Cf. « De quelques mécanismes névrotiques dans la jalousie, la paranoïa et l'homosexualité », *OCF.P*, XVI, p. 91.

génital féminin, et il tient fermement à la conviction contraire[a]. La perception déniée n'est pourtant pas restée non plus totalement sans influence, car il n'a quand même pas le courage d'affirmer qu'il a effectivement vu le pénis. Mais il se saisit de quelque chose d'autre, une partie du corps ou un objet, et lui confère le rôle du pénis, dont il ne veut pas constater l'absence. La plupart du temps, c'est quelque chose qu'il a effectivement vu jadis au moment où il a aperçu l'organe génital féminin, ou quelque chose qui se prête à devenir le substitut symbolique du pénis. Or il serait inexact d'appeler clivage du moi ce processus à l'œuvre dans la formation du fétiche, c'est une formation de compromis avec l'aide d'un déplacement, tel que le rêve nous l'a fait connaître. Cependant, nos observations nous montrent bien davantage. La création du fétiche résultait en effet de l'intention de détruire la preuve de la possibilité de la castration, de manière à pouvoir échapper à l'an- 134
goisse de castration. Si la femme possède un pénis comme d'autres êtres vivants, il n'y a pas à trembler pour la possession permanente de son propre pénis. Or nous rencontrons des fétichistes qui ont développé la même angoisse de castration que les non-fétichistes et qui y réagissent de la même manière. Dans leur comportement s'expriment donc simultanément deux présuppositions opposées. D'une part ils dénient le fait de leur perception – ils n'ont pas vu de pénis à l'organe génital féminin –, d'autre part ils reconnaissent l'absence de pénis de la femme et en tirent les conclusions exactes. Les deux attitudes coexistent durant toute la vie, sans s'influencer réciproquement. C'est ce qu'on peut nommer un *clivage du moi*. Cet état de choses nous permet de comprendre aussi que le fétichisme n'est si souvent que partiellement constitué. Il ne domine pas exclusivement le choix d'objet, mais il fait place à un degré plus ou moins grand de comportement sexuel normal, parfois même il se retire jusqu'à n'avoir qu'un rôle modeste ou à n'être qu'un simple indice. Le détachement du moi d'avec la réalité du monde extérieur n'est donc, chez les fétichistes, jamais parfaitement réussi.

Il ne faut pas croire que le fétichisme constitue un cas d'exception pour ce qui est du clivage du moi, il n'est pour cette question qu'un

a. Cf. « Fétichisme », *OCF.P*, XVIII, et « Le clivage du moi dans le processus de défense », *OCF.P*, XX, p. 222-223.

objet d'étude particulièrement favorable. Revenons à ce qui a été indiqué, à savoir que le moi enfantin, sous la domination du monde réel, vient à bout des revendications pulsionnelles fâcheuses grâce à ce qu'on appelle les refoulements. C'est ce que nous compléterons maintenant en constatant également que le moi, durant la même période de vie, se trouve assez souvent en situation de se défendre contre une demande abusive du monde extérieur qu'il ressent comme pénible, ce qui a lieu grâce au *déni* des perceptions qui font connaître cette revendication de la réalité. De tels dénis surviennent assez souvent, pas seulement chez les fétichistes, et là où nous nous trouvons en situation de les étudier, ils s'avèrent être des demi-mesures, des tentatives imparfaites pour assurer le détachement d'avec la réalité. Cette récusation est chaque fois complétée par une reconnaissance : il s'instaure toujours deux attitudes opposées, indépendantes l'une de l'autre,
135 qui produisent cet état de fait qu'est le clivage du moi. Le résultat dépend une fois encore de celle des deux qui pourra accaparer la plus grande intensité.

Les faits du clivage du moi que nous avons décrits ici ne sont pas aussi nouveaux ni étranges qu'ils peuvent le paraître tout d'abord. Qu'il existe, concernant un comportement déterminé, deux attitudes distinctes dans la vie d'âme de la personne, opposées l'une à l'autre et indépendantes l'une de l'autre, voilà qui est un caractère général des névroses, sauf que l'une relève du moi et que l'attitude opposée, en tant que refoulée, relève du ça. La différence entre les deux est pour l'essentiel une différence topique ou structurelle, et il n'est pas toujours facile de décider à laquelle des deux possibilités on a affaire dans chacun des cas. Le caractère important que les deux ont en commun réside pourtant dans ce qui suit : quoi que le moi entreprenne dans ses efforts de défense, qu'il veuille dénier une portion du monde extérieur effectif ou écarter une revendication pulsionnelle du monde intérieur, le résultat n'est jamais complet ni sans reste, il en résulte toujours deux attitudes opposées dont même celle qui a le dessous, qui est la plus faible, conduit à des complications psychiques. En conclusion, il est seulement besoin d'indiquer que nous ne connaissons par la perception consciente qu'un petit nombre de ces processus.

Chapitre 9

LE MONDE INTÉRIEUR

Nous n'avons pas d'autre moyen de faire connaître une coexistence[a] compliquée que de recourir à la successivité[b] de la description, et c'est pourquoi toutes nos présentations pèchent de prime abord par une simplification unilatérale et attendent d'être complétées, dotées d'un étage supérieur et ainsi rectifiées. 136

La représentation d'un moi qui sert d'intermédiaire entre le ça et le monde extérieur, prend en charge les revendications pulsionnelles du premier pour les conduire à la satisfaction, effectue sur le second des perceptions qu'il utilise comme souvenirs, et qui, soucieux de son autoconservation, se met en état de défense face aux demandes abusives et excessivement fortes venues des deux côtés, étant ainsi guidé dans toutes ses décisions par les directives d'un principe de plaisir modifié ; cette représentation ne concerne véritablement le moi que jusqu'à la fin de la première période d'enfance (vers les 5 ans). À cette époque une importante modification s'est accomplie. Une portion du monde extérieur est abandonnée en tant qu'objet, du moins partiellement, et accueillie dans le moi (par identification) ; elle est donc devenue une composante du monde intérieur. Cette nouvelle instance psychique poursuit les fonctions qu'avaient exercées ces personnes du monde extérieur, elle observe le moi, lui donne des ordres, le dirige et le menace de punitions, tout à fait comme les parents dont elle a pris la place. Nous appelons cette instance le *surmoi*, nous la ressentons dans ses fonctions judiciaires en tant que notre *conscience morale*. Il reste à remarquer que le surmoi déploie fréquemment une sévérité dont les 137
parents réels n'ont pas fourni le modèle. Il est également à remarquer qu'il demande des comptes au moi non seulement pour ses actes, mais aussi pour ses pensées et pour ses intentions non mises à exécution et

a. *Nebeneinander.*
b. *Nacheinander.*

qui semblent être connues de lui. Rappelons-nous que le héros de la légende d'Œdipe se sent lui aussi coupable pour ses actes et qu'il se soumet à une autopunition, bien que la contrainte de l'oracle eût dû le disculper, selon ce que nous en jugeons, nous comme lui. En fait, le surmoi est l'héritier du complexe d'Œdipe et n'est mis en place qu'une fois ce dernier liquidé. Sa sévérité excessive ne suit donc pas un modèle réel, mais correspond à la force de la défense qui a été dépensée pour contrer la tentation du complexe d'Œdipe. Un pressentiment de cet état de choses est sans doute à la base de l'affirmation des philosophes et des croyants selon laquelle le sens moral n'est pas inculqué par l'éducation à l'être humain, ni acquis par lui dans la vie communautaire, mais a été implanté chez lui d'en haut.

Aussi longtemps que le moi travaille en bonne entente avec le surmoi, il n'est pas facile de différencier les manifestations de l'un et de l'autre, mais des tensions et des étrangements entre eux se font très nettement observer. Le tourment causé par les reproches de conscience correspond précisément à l'angoisse de l'enfant devant la perte d'amour, tourment ayant remplacé chez lui l'instance morale. De l'autre côté, si le moi a résisté avec succès à la tentation de faire quelque chose qui serait choquant pour le surmoi, il se sent élevé dans son sentiment de soi et conforté dans sa fierté, comme s'il avait fait une précieuse acquisition. C'est de cette façon que le surmoi continue de jouer pour le moi le rôle d'un monde extérieur, bien qu'il soit devenu une partie du monde intérieur. Il représente pour toutes les périodes ultérieures de la vie l'influence de la période d'enfance de l'individu – soins donnés à l'enfant, éducation et dépendance à l'égard des parents –, cette période d'enfance qui a été considérablement allongée chez l'être humain du fait de la vie commune en famille. Et par là ce ne sont pas seulement les qualités personnelles de ces parents qui se font valoir, mais aussi tout ce qui a exercé sur eux une action détermi-
138 nante, les inclinations et les exigences de la situation sociale dans laquelle ils vivent, les prédispositions et les traditions de la race dont ils sont issus. Si l'on préfère les affirmations générales et les séparations tranchées, on peut dire que le monde extérieur dans lequel l'individu se trouvera exposé après s'être détaché des parents représente* la puissance du présent – son ça avec ses tendances héritées le passé organique – et le surmoi venu s'ajouter plus tard avant tout le passé culturel

dont l'enfant doit pour ainsi dire revivre l'expérience dans les quelques années de sa période précoce. De telles généralités[a] peuvent difficilement être exactes dans tous les cas[b]. Une partie des acquisitions culturelles a certainement laissé derrière elle son précipité dans le ça, bien des choses que le surmoi apporte éveilleront un écho dans le ça ; maintes choses que l'enfant vit à nouveau connaîtront un effet renforcé parce qu'elles répètent une expérience de vie phylogénétique très ancienne. (« Ce que tu as hérité de tes pères, acquiers-le afin de le posséder. »[c]) Le surmoi occupe ainsi une position intermédiaire entre le ça et le monde extérieur, il réunit en lui les influences du présent et du passé. Dans la mise en place du surmoi on fait pour ainsi dire l'expérience d'un exemple de la manière dont le présent se transpose en passé. . . . .

. . . .

a. *Allgemeinheiten.*

b. *allgemein* : (littéralement) en général.

c. *« Was Du ererbt von Deinen Vätern hast, erwirb es, um es zu besitzen. »* (Faust, I, v. 682-683.) [Formule sans doute empruntée par le jeune Goethe à Ulrich von Hutten (1488-1523).]

Some Elementary Lessons in Psycho-Analysis

SOME ELEMENTARY LESSONS IN PSYCHO-ANALYSIS

1938 [1940 *b*]

Première publication (en allemand)

1940 *Int. Z. Psychoanal. Imago*, *25* (1), p. 21-22 (texte partiel).

Autre édition allemande

1941 *Gesammelte Werke*, t. XVII, p. 141-147 (texte complet).

Traduction anglaise

1964 *Standard Edition*, t. XXIII, p. 281-286 : Some Elementary Lessons in Psycho-Analysis.

Traduction française

1985 Some Elementary Lessons in Psycho-Analysis, traduit par B. Chabot, *in* S. Freud, *Résultats, idées, problèmes, II*, Paris, Presses Universitaires de France, p. 289-295.

Deux fragments de ces « Quelques leçons élémentaires de psychanalyse » ont d'abord été publiés en 1940 dans la première édition de l'*Abrégé de psychanalyse* (cf. *supra*, p. 24). Le texte intégral a paru en 1941 dans le tome XVII des *Gesammelte Werke*.

Le manuscrit est daté du 20 octobre 1938. Malgré son titre, il est écrit en allemand. Il est resté inachevé comme l'*Abrégé* dont il annonce, avec une présentation différente, une seconde version.

Some Elementary Lessons in Psycho-Analysis

Lorsqu'on veut présenter au non-averti un domaine déterminé du savoir – ou, pour s'exprimer plus modestement, de la recherche –, on a évidemment le choix entre deux méthodes ou techniques. L'une consisterait à partir de ce que tout un chacun sait ou croit savoir et considère comme allant de soi, sans le contredire pour commencer. Puis on trouve bientôt une occasion de lui faire remarquer des faits appartenant au même domaine qu'il connaît, bien sûr, mais qu'il a négligés jusque-là ou auxquels il n'a pas accordé une valeur suffisante. En se rattachant à ces faits, on peut ensuite lui en faire connaître d'autres dont il ne savait rien, et on le prépare ainsi à la nécessité de dépasser le jugement qu'il avait jusque-là, de rechercher de nouveaux points de vue et de prêter l'oreille à de nouvelles hypothèses explicatives. De cette manière on fait participer l'autre à l'édification d'une nouvelle théorie de notre objet et l'on peut, dès ce travail en commun, être venu à bout de ses objections contre elle. 141

Une telle présentation mérite le nom de *génétique*, elle répète le chemin que le chercheur a lui-même parcouru auparavant. Malgré tous ses avantages, elle reste entachée du défaut de ne pas faire suffisamment impression sur celui qui apprend. Quelque chose qu'il a vu naître et croître lentement et avec difficulté est loin de lui en imposer autant que quelque chose qui se trouve devant lui achevé, apparemment fermé sur soi.

L'autre présentation, celle qui précisément y parvient, est la présentation *dogmatique*, elle met en avant ses résultats, réclame pour ses présuppositions attention et croyance, donnant peu de renseignements sur leur fondement. Il y a, bien sûr, un danger qui survient 142
alors : un auditeur critique se dira avec des hochements de tête : tout cela a quand même un air bien étrange, d'où cet homme sait-il donc tout cela ?

Dans ma présentation, je ne me servirai d'aucune des deux méthodes de façon exclusive, je suivrai plus exactement tantôt l'une, tantôt l'autre. Je ne me fais pas d'illusion sur la difficulté de ma tâche.

La psychanalyse a peu de chances d'être aimée ou populaire. Ce n'est pas seulement que bon nombre de ses contenus offensent les sentiments de beaucoup de gens ; ce qui produit un effet presque tout aussi dérangeant, c'est que notre science comporte quelques hypothèses – on ne sait pas s'il faut les mettre au compte de nos présuppositions[a] ou des résultats de notre travail –, lesquelles ne manquent pas d'apparaître des plus étranges pour la pensée habituelle de la foule et contredisent fondamentalement les conceptions dominantes. Cela ne nous aide en rien ; c'est avec la discussion de deux de ces hypothèses faisant question qu'il nous faut ouvrir la série de nos brèves études.

La nature du psychique

La psychanalyse est une partie de cette science de l'âme qu'est la psychologie. On l'appelle aussi « psychologie des profondeurs », nous apprendrons plus tard pourquoi. S'il arrive que quelqu'un demande ce que c'est véritablement que le psychique, il est facile de lui répondre en renvoyant aux contenus de celui-ci. Nos perceptions, représentations, souvenirs, sentiments et actes de volonté, tout cela fait partie du psychique. Mais si cette question va jusqu'à demander si tous ces processus n'ont pas un caractère en commun qui nous permette d'appréhender de plus près la nature ou, comme on le dit aussi, l'essence du psychique, alors la réponse est plus difficile à donner.

Si l'on avait posé une question analogue à un physicien, par ex. : Quelle est l'essence de l'électricité ?, sa réponse – il y a peu encore – aurait été : Pour expliquer certains phénomènes, nous faisons l'hypothèse de forces électriques qui résident dans les choses mêmes et qui
143 émanent d'elles. Nous étudions ces phénomènes, trouvons leurs lois et en faisons même des applications pratiques. Cela nous suffit pour l'instant. Nous ne connaissons pas l'essence de l'électricité, nous l'apprendrons peut-être plus tard en progressant dans notre travail. Nous admettons que notre ignorance concerne précisément ce qui est le plus important et le plus intéressant dans l'ensemble de notre objet, mais

a. L'édition des *GW* porte ici par erreur *Moralbesezetzungen* (investissements moraux), au lieu de *Voraussetzungen* (présuppositions).

cela ne nous gêne pas d'emblée. Car, bien sûr, il n'en va pas autrement dans les sciences de la nature.

La psychologie est aussi une science de la nature. Que pourrait-elle donc être d'autre ? Mais son cas se présente autrement. Tout un chacun ne se risque pas à avoir un jugement sur des choses physiques, mais chacun – le philosophe comme l'homme de la rue – a son opinion sur des questions psychologiques, se comportant comme s'il était au moins un psychologue amateur. Et voici que se produit cette chose curieuse : tous – presque tous – sont d'accord sur ce point que le psychique a vraiment un caractère commun dans lequel s'exprime son essence. Cela est le caractère de la consciencialité, caractère unique, indescriptible, mais n'ayant pas besoin non plus de description. Tout ce qui est conscient serait psychique, et inversement tout ce qui est psychique serait conscient aussi. Cela irait de soi, le contredire serait insensé. Mais on ne peut pas affirmer, en ayant ainsi tranché la question, que beaucoup de lumière ait été apportée sur l'essence du psychique, car devant la consciencialité, un des faits fondamentaux de notre vie, la recherche se trouve comme devant un mur. Elle ne trouve pas de voie menant plus loin, où que ce soit. De plus, l'assimilation de l'animique au conscient entraîna cette conséquence peu réjouissante : les processus psychiques furent arrachés au contexte de l'advenir du monde et opposés à tout le reste comme étrangers. Cela ne marchait pourtant pas, car on ne pouvait pas longtemps négliger de voir que les phénomènes psychiques sont dépendants à un haut degré des influences corporelles et qu'ils exercent de leur côté des actions très fortes sur les processus somatiques. Si jamais la pensée humaine mena à une impasse, ce fut bien là. Pour trouver une échappatoire, il fallut au moins que les philosophes fassent l'hypothèse qu'il y avait des processus organiques parallèles aux processus psychiques conscients, ordonnés à ceux-ci d'une manière difficile à expliquer, qui seraient censés assurer l'interaction entre « corps » et « âme » et insérer de nouveau le psychique dans la trame de la vie. Mais cette 144
solution resta insatisfaisante.

La psychanalyse s'est soustraite à ce genre de difficultés en contredisant énergiquement l'assimilation du psychique au conscient. Non, la consciencialité ne peut pas être l'essence du psychique, elle n'est qu'une de ses qualités, qualité elle-même inconstante, qui fait beaucoup plus souvent défaut qu'elle n'est présente. Le psychique en soi, quelle que puisse être sa nature, est inconscient, il est vraisemblablement de la même sorte que tous les autres processus dans la nature dont nous avons acquis la connaissance.

Pour fonder cette assertion, la psychanalyse en appelle à un certain nombre de faits dont une sélection est donnée dans ce qui suit. On sait ce que l'on nomme idées incidentes, ce sont des pensées qui émergent soudainement toutes faites dans la conscience, sans que l'on connaisse ce qui les a préparées et qui ne peuvent pourtant qu'avoir été elles aussi des actes psychiques. Il peut même arriver que l'on obtienne de cette manière la solution d'un difficile problème intellectuel auquel on avait auparavant réfléchi en vain pendant un moment. Tous les processus compliqués de sélection, de rejet et de décision, qui ont rempli l'intervalle, furent soustraits à la conscience. Nous ne créons pas de nouvelle théorie quand nous disons qu'ils ont été inconscients et qu'ils le sont peut-être restés aussi.

Deuxièmement : d'un groupe immensément grand de phénomènes j'extrais un unique exemple qui peut représenter pour nous tous les autres. Le président d'une assemblée (la Chambre des députés autrichienne) ouvre un jour la séance par ces mots : « Je constate la présence de tant et tant de messieurs et je déclare donc la séance close. »[1] C'était là un cas de méprise de parole ; il n'y a pas de doute que le président voulait dire : ouverte. Pourquoi donc a-t-il dit le contraire ? On est préparé à entendre cette réponse : c'était une erreur fortuite, un raté de l'intention, comme il s'en produit facilement sous toutes sortes d'influences. Cela n'a aucune signification et il est en outre particulière-
145 ment facile d'intervertir justement les contraires. Mais si l'on considère la situation dans laquelle la méprise de parole s'est produite, on est enclin à préférer une autre conception. Tant de précédentes séances de la Chambre s'étaient déroulées dans un tumulte fâcheux et infructueux qu'il serait bien compréhensible que le président, au moment de l'ouverture, ait pensé : « Si seulement la séance qui doit maintenant commencer était déjà terminée ! Je préférerais la clore plutôt que l'ouvrir. » Ce souhait, lorsqu'il commença à parler, n'était probablement pas présent chez lui, ni conscient, mais il avait certainement été

1. Sur la psychopathologie de la vie quotidienne, 1904. [*Zur Psychopathologie des Alltagslebens*, *GW*, IV, p. 67 ; *OCF.P*, V.]

là, et il réussit, dans son erreur apparente, à s'imposer contre l'intention du locuteur. Dans notre hésitation entre deux explications aussi distinctes, un cas isolé ne pourra guère apporter d'explication. Mais qu'en serait-il si tous les autres cas de méprise de parole admettaient ce même éclaircissement, tout autant que les erreurs similaires dans les méprises d'écriture, de lecture, d'audition et du geste ? S'il était possible dans tous ces cas – en réalité sans exception – de mettre en évidence un acte psychique, une pensée, un souhait, une intention qui puisse justifier la prétendue erreur et qui, au moment où elle manifestait son action, était inconsciente, bien qu'elle puisse avoir été consciente auparavant ? Alors on ne pourrait véritablement plus contester qu'il y ait des actes psychiques qui soient inconscients, qu'ils puissent même devenir de temps à autre actifs, tout en étant inconscients, et qu'ils puissent alors aller jusqu'à surmonter de temps à autre des intentions conscientes. L'individu lui-même peut se comporter diversement vis-à-vis d'une telle opération manquée. Il peut complètement négliger de la voir ou la remarquer en tant que telle, en être embarrassé, en avoir honte ; il ne peut généralement pas trouver lui-même l'explication de l'erreur, il a besoin pour cela d'une aide et se montre souvent récalcitrant devant la solution qui lui est communiquée… pour un moment du moins.

Troisièmement enfin : on peut mettre en évidence expérimentalement chez des personnes hypnotisées qu'il y a des actes psychiques inconscients et que la consciencialité n'est pas une condition indispensable de l'activité. Quiconque a assisté à cette sorte d'expérience en a reçu une impression inoubliable et acquis une conviction inébranlable. Voici approximativement comment cela se passe : le médecin entre dans la chambre d'hôpital, pose son parapluie dans un coin de la 146
pièce, met un des patients en hypnose et lui dit : « Je pars maintenant, quand je reviendrai, vous irez à ma rencontre avec un parapluie ouvert et le tiendrez au-dessus de ma tête. » Là-dessus, le médecin et les personnes qui l'accompagnent quittent la salle. Dès qu'ils sont revenus, le malade, maintenant éveillé, effectue exactement la consigne qui lui a été donnée dans l'hypnose. Le médecin lui demande de s'expliquer : « Mais que faites-vous donc là ? Qu'est-ce que cela veut dire ? » Le patient est manifestement embarrassé, il bredouille quelque chose comme : « Je pensais seulement, Docteur, que, comme il pleut dehors, vous ouvririez votre parapluie déjà dans la chambre. » Une information

manifestement insuffisante, trouvée dans l'instant, pour donner une quelconque motivation à son comportement insensé. Mais, pour nous spectateurs, il est clair qu'il ne connaît pas son véritable motif. Nous, nous le connaissons, car nous étions là lorsqu'il reçut la suggestion à laquelle il vient d'obtempérer, alors qu'il ne sait rien de la présence en lui de cette suggestion [1].

Nous considérons maintenant réglée la question du rapport du conscient au psychique ; la conscience est seulement une qualité (propriété) – qui plus est inconstante – du psychique. Nous devons encore nous prémunir contre une objection selon laquelle il ne serait pas nécessaire, en dépit des faits mentionnés, d'abandonner l'identité du conscient avec le psychique. Les processus psychiques dits inconscients seraient justement les processus organiques parallèles à l'animique, processus depuis longtemps admis. Voilà qui, en tout cas, réduirait notre problème à une question de définition apparemment indifférente. Notre réponse est la suivante : il serait injustifié et très inapproprié de briser l'unité de la vie d'âme au profit d'une définition, alors que nous voyons bien que la conscience peut seulement nous livrer des séries de phénomènes incomplètes et lacunaires. Ce n'est d'ailleurs pas vraiment un hasard si c'est seulement après la transformation de la définition du psychique qu'il a été possible de créer une théorie de la vie animique englobante et cohérente.

147 Il ne faut pas croire par ailleurs que cette autre conception du psychique soit une nouveauté que l'on doive à la psychanalyse. Un philosophe allemand, Theodor Lipps, a proclamé avec la plus grande netteté que le psychique est en soi inconscient, que l'inconscient est le véritable psychique [a]. Le concept d'inconscient frappait depuis longtemps aux portes de la psychologie pour être admis. Philosophie et littérature ont joué assez souvent avec lui, mais la science ne savait pas l'employer. La psychanalyse s'est emparé de ce concept, l'a pris au sérieux et l'a rempli d'un nouveau contenu. Ses recherches ont mené à la connaissance de caractères du psychique inconscient jusqu'ici insoupçonnés, elles ont découvert quelques-unes des lois qui y règnent. Mais il n'est pas dit avec

1. Expériences menées par [Hippolyte] Bernheim auxquelles j'ai assisté en 1889 à Nancy. Aujourd'hui il m'est permis de passer outre aux doutes quant à l'authenticité de phénomènes hypnotiques de ce genre.

a. Cf. *supra*, p. 24.

tout cela que la qualité de la consciencialité a perdu pour nous sa signification. Elle reste la seule lumière qui nous éclaire et nous guide dans l'obscurité de la vie d'âme. Étant donné la nature particulière de notre connaissance, notre travail scientifique en psychologie consistera à traduire des processus inconscients en processus conscients et à combler de la sorte les lacunes de la perception consciente.

Résultats, idées, problèmes

ERGEBNISSE, IDEEN, PROBLEME
1938 [1941 *f*]

Première publication

1941 *Gesammelte Werke*, t. XVII, p. 151-152.

Traduction anglaise

1964 *Standard Edition*, t. XXIII, p. 299-300 : Findings, Ideas, Problems.

Traductions françaises

1968 Résultats, idées, problèmes (Notes de l'exil), traduit par J.-P. Briand et A. Green, *L'Arc*, n° 34, p. 69-70.

1985 Résultats, idées, problèmes, traduit par J. Altounian, A. Bourguignon, P. Cotet, A. Rauzy, *in* S. Freud, *Résultats, idées, problèmes, II*, Paris, Presses Universitaires de France, p. 287-288.

Ces notes, parfois quelque peu énigmatiques, écrites sur un feuillet recto-verso sous le titre « Résultats, idées, problèmes, Londres, juin 1938 », sont contemporaines de l'*Abrégé de psychanalyse*. Elles ont été publiées en 1941 dans les *Gesammelte Werke*, dont elles constituent le terme.

RÉSULTATS, IDÉES, PROBLÈMES

(Londres, juin 1938)

16.VI. Il est intéressant, pour ce qui est des premières expériences 151
vécues, à l'opposé de ce qui se passe plus tard, que les diverses réactions se conservent, naturellement aussi celles qui sont opposées. Au lieu de la décision, qui serait plus tard l'issue. Explication : faiblesse de la synthèse, conservation du caractère des processus primaires.

12.VII. En remplacement de l'envie de pénis, identification avec le clitoris, la plus belle expression de l'infériorité, source de toutes les inhibitions. – En même temps – cas X –, déni de la découverte que les autres femmes, elles non plus, n'ont pas de pénis.

– Avoir et être chez l'enfant. L'enfant exprime volontiers la relation d'objet par l'identification : je suis l'objet. L'avoir est la relation ultérieure, retombant dans l'être après la perte d'objet. Modèle : sein. Le sein est un morceau du moi, je suis le sein. Plus tard seulement : je l'ai, c.-à-d. je ne le suis pas…

12.VII. Avec le névrosé on est comme dans un paysage préhistorique, par ex. dans le Jurassique. Les grands sauriens s'ébattent encore, et les prêles sont hautes comme des palmiers (?).

12.VII. L'hypothèse de traces mnésiques[a] dans le ça modifie pour ainsi dire nos vues sur ce sujet.

20. VII. Que l'individu périsse de ses conflits intérieurs, et l'espèce 152
dans la lutte avec le monde extérieur auquel elle n'est plus adaptée, mérite de trouver place dans le Moïse.

a. Dans les *GW* : *Erbspuren* (traces héréditaires), qui résulte d'une lecture erronée du manuscrit de Freud. Ilse Grubrich-Simitis apporte la rectification : Freud a écrit *Erspuren*, abréviation courante chez lui pour *Erinnerungsspuren* (traces mnésiques). Cf. *Zurück zu Freuds Texten*, Frankfurt am Main, Fischer Verlag, 1993, p. 125 ; trad. fr. : *Freud : retour aux manuscrits*, Paris, PUF, 1997, p. 115.

3.VIII. La conscience de culpabilité naît aussi de l'amour insatisfait, comme la haine. À partir de ce matériau nous avons dû effectivement fabriquer tout ce qui est possible, comme les États autarciques dans leurs « produits substitutifs ».

3.VIII. L'ultime fondement de toutes les inhibitions intellectuelles et des inhibitions au travail semble être l'inhibition de l'onanisme enfantin. Mais peut-être cela va-t-il plus en profondeur : non pas son inhibition par des influences extérieures, mais sa nature insatisfaite en soi. Il manque toujours quelque chose pour aboutir à la décharge et à la satisfaction complètes – en attendant toujours quelque chose qui ne venait point[a] – et cette part manquante, la réaction de l'orgasme, se manifeste en équivalents dans d'autres domaines, absences, explosion de rires, de pleurs, et peut-être autre chose. La sexualité infantile a encore une fois fixé un prototype.

22.VIII. La spatialité pourrait bien être la projection de l'extension de l'appareil psychique. Vraisemblablement aucune autre dérivation. Au lieu des conditions *a priori* de notre appareil psychique selon Kant. La psyché est étendue, n'en sait rien.

22.VIII. Mystique, l'autoperception du royaume extérieur au moi, le ça.

a. Les neuf mots entre tirets sont en français dans le texte. « C'était sa petite femme [...]. Ils savaient tout, mais ils ne pouvaient guère, trop jeunes, tâtonnant, jouant, pendant des heures, à des jeux de petits chiens vicieux. Lui appelait ça "faire papa et maman" ; et, quand il l'emmenait, elle galopait, elle se laissait prendre avec le tremblement délicieux de l'instinct, souvent fâchée, mais cédant toujours dans l'attente de quelque chose qui ne venait point. » (Émile Zola, *Germinal*, II, 5. Bibliothèque de la Pléiade, III, p. 1239.)

Index des personnes, des personnages et des œuvres

Index des matières

Principales abréviations

ŒUVRES DE FREUD

SKSN	*Sammlung kleiner Schriften zur Neurosenlehre,* Leipzig und Wien, Hugo Heller u. Cie, 1906-1922 (5 vol.)
GS	*Gesammelte Schriften,* Leipzig, Wien und Zürich, Internationaler Psychoanalytischer Verlag, 1924-1934 (12 vol.)
GW I à XVII	*Gesammelte Werke,* Frankfurt am Main, S. Fischer Verlag, à partir de 1960
XVIII	*Id., Gesamtregister,* 1968
NB	*Id., Nachtragsband,* 1987
SA	*Studienausgabe,* Frankfurt am Main, S. Fischer Verlag, à partir de 1969 (11 vol.)
SE	*The Standard Edition of the Complete Psychological Works* of Sigmund Freud, London, Hogarth Press, à partir de 1953 (24 vol.)
OCF.P	*Œuvres complètes de Freud (Psychanalyse),* Paris, PUF, à partir de 1988 (21 vol.)
Anfänge	*Aus den Anfängen der Psychoanalyse,* London, 1950
Dichtung und Kunst	*Psychoanalytische Studien an Werken der Dichtung und Kust,* Wien, 1924
Neurosenlehre und Technik	*Schriften zur Neurosenlehre und zur psychoanalytischen Technik* (1913-1926), Wien, 1931
Psychoanalyse der Neurosen	*Studien zur Psychoanalyse der Neurosen aus den Jahren 1913-1925,* Wien, 1926
Sexualtheorie und Traumlehre	*Kleine Schriften zur Sexualtheorie und zur Traumlehre,* Wien, 1931
Technik und Metapsychol.	*Zur Technik der Psychoanalyse und zur Metapsychologie,* Wien, 1924
Theoretische Schriften	*Theoretische Schriften* (1911-1925), Wien, 1931
Traumlehre	*Kleine Beiträge zur Traumlehre,* Wien, 1925
Vier Krankengeschichten	*Vier psychoanalytische Krankengeschichten,* Wien, 1932

AUTRES PUBLICATIONS

Alien. and Neurol.	*St. Louis Alienist and Neurologist*
Almanach 1926	*Almanach des Internationalen Psychoanalytischen Verlags für das Jahr 1926*
Amer. J. Psychol.	*The American Journal of Psychology*
Deutsch. Z. Nervenheilk.	*Deutsche Zeitschrift für Nervenheilkunde*
Int. Z. Psychoanal.	*Internationale Zeitschrift für (ärztliche) Psychoanalyse*
Jb. Kinderheilk.	*Jahrbuch für Kinderheilkunde und physische Erziehung*
Jb. psychoanal. psychopath. Forsch.	*Jahrbuch für psychoanalytische und psychopathologische Forschungen*
Psychiat.-neurol. Wschr.	*Psychiatrisch-neurologische Wochenschrift*
Rev. Franç. Psychanal.	*Revue française de Psychanalyse*
Zbl. Psychoanal.	*Zentralblatt für Psychoanalyse*

Conventions relatives à la présentation

1 / Les textes sont précédés :

a / de la référence des principales éditions en allemand (notamment première publication, *GW*, *SA*), en anglais *(SE)* et en français (première traduction et traduction disponible en dehors des *OCF.P*) ;

b / d'une courte notice relative aux conditions d'élaboration, de rédaction et de publication.

2 / La typographie respecte fidèlement les deux procédés utilisés par Freud pour mettre certains mots ou phrases en évidence : le r o m a i n i n t e r l e t t r é et *l'italique*.

3 / La traduction, sauf indication explicite, est faite d'après le texte des *GW*, dont la pagination est indiquée en marge. Les variantes et les ajouts sont indiqués en note.

Deux signes sont intégrés au texte :

a / un astérisque suivant le mot *chose* quand il traduit *Ding* et non *Sache* dans les usages métapsychologiques ; un astérisque suivant le mot *objet* quand il traduit *Gegenstand* et non *Objekt* ; un astérisque suivant les mots *représenter, représentant, représentance* quand ils traduisent *repräsentieren, Repräsentant, Repräsentanz,* et non pas *vertreten, Vertreter, Vertretung* ;

b / des points entre les éléments d'un mot composé de Freud qui forment un tout·indissociable ; ces points sont utilisés uniquement dans les cas où il faut lever une ambiguïté.

4 / Les notes de Freud sont appelées par un chiffre arabe.

5 / Les notes des traducteurs sont appelées par une lettre minuscule. Elles comprennent :

a / les mots allemands dont la traduction pourrait créer une confusion par rapport à d'autres termes ;

b / la traduction des citations (hormis les locutions latines d'usage courant telles que *coitus a tergo, dementia praecox...*) données par Freud dans une autre langue que l'allemand ;

c / l'explication de certaines allusions à des expressions allemandes, jeux sur les mots, etc. ;

d / la référence de certaines œuvres ou idées et de personnages évoqués par Freud.

Adjointes aux notes de Freud, elles sont mises entre crochets.

TABLE

Cet ouvrage a été composé par IGS-CP
à L'Isle-d'Espagnac (16)

Achevé d'imprimer
sur les presses numériques de Dupli-Print (95)

Imprimé en France